あの世でも
仲良う
暮らそうや

104歳になる父がくれた人生のヒント

信友直子

文藝春秋

はじめに

私の父は信友良則《のぶともよしのり》といいます。1920年（大正9年）11月1日生まれですから、もうじき104歳。本人いわく、

「まさか100を超えて、こうに元気に長生きするとは、思いもせんかったのう」

この方言でおわかりのように、広島県呉《くれ》市の生まれ育ち。呉が舞台のアニメ『この世界の片隅に』のすずさんの夫、周作さんよりも1歳上です（ちなみに母はすずさんより4歳下）。父は太平洋戦争はおろか、五・一五事件すらリアルタイムで体験している、いまや希少な世代なのです。

1世紀以上を生きた今も、父は元気いっぱい。腰は90度に曲がり、耳が遠く、年相応に足が弱ってはいますが、持病がひとつもないのですから本人は意気軒《いきけん》高《こう》です。

戦争のため青春時代は激動でしたが、戦後は平凡なサラリーマン人生を経て

の、平凡な年金生活者。生涯を通じて愛するものは、糟糠《そうこう》の妻の文子《ふみこ》と、本や新聞などの活字を読むこと。呉市の小さな家で母と二人、質素で穏やかな暮らしを営んできました。

そんな父が突如有名人になったのは、90代半ばから。思いがけずドキュメンタリー映画の主人公になったのです。

一人娘の私は東京で映像制作の仕事をしているのですが、母が認知症になり、父が一生懸命母のお世話を始めた姿があまりに愛おしかったので、実家に通っては動画を撮るように。それがいくつものご縁を得て2018年、映画になったのです。

『ぼけますから、よろしくお願いします。』この、ちょっと人を食ったようなタイトルの映画は、ぼけてなおユーモアを失わない母と、鼻歌を歌いながら介護する父の、深い絆で結ばれた愛情物語となりました。父がひたむきに母を支える姿は人々の心を打ち、「お父さんみたいな人と結婚したいわぁ」と言ってくださるうら若き女性まで現れて、父に人生初の「モテ期」が訪れることに。

最初は何かの冗談かしらと思っていた私。あの地味で堅物の父のどこがいいんだろう？　でも、ファンの方たちに教わる形で、私もだんだん父の魅力に気づいてきました。そして、折にふれ父が呉弁丸出しでつぶやく言葉の深さや重みが、しだいに心にしみるようになってきたのです。

この本では、そんな珠玉の言葉たちを、三つの章に分けて紹介しています。第1章は、認知症の母とともに生きた父の「ふたり暮らしの言葉」。第2章は、母に先立たれてなお全力で生きる父の「ひとり暮らしの言葉」。そして第3章では、ゲストとして「人生の先輩」が登場。父を、そして私たちを励ます素敵な言葉をくださいます。

私が撮った父の愛くるしい写真もふんだんに載せました。今や私のスマホは父の写真だらけなのですが、その中から「日本最高齢のアイドルフォトブックを作るぞ」という意気込みで厳選した秘蔵フォトです（笑）。

100歳を超えても、こんなふうに生きられたら幸せかも。父の笑顔と前向きな言葉たちから、「人生100年時代」を生き抜く元気を、どうぞお受け取りください。

もくじ

父が
暮らしている
様子を
少しだけ写真で
お見せします

父が生まれ育ち、今も暮らしている呉の風景。

「みんなにかわいがってもらえるような、かわいらしい年寄りになる」

いつも丁寧においしいコーヒーを淹れてくれます。

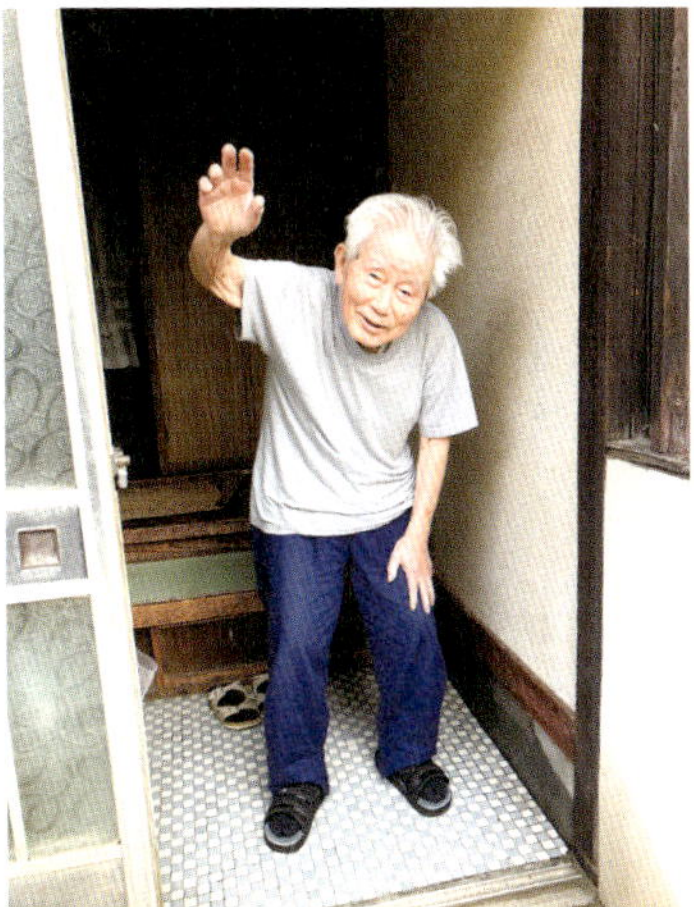

私が東京に帰る時は玄関までお見送り。

朝の身支度中。
手鏡は母が入院中に使っていたもの。

エアロバイクは10段階の5の負荷で5分！

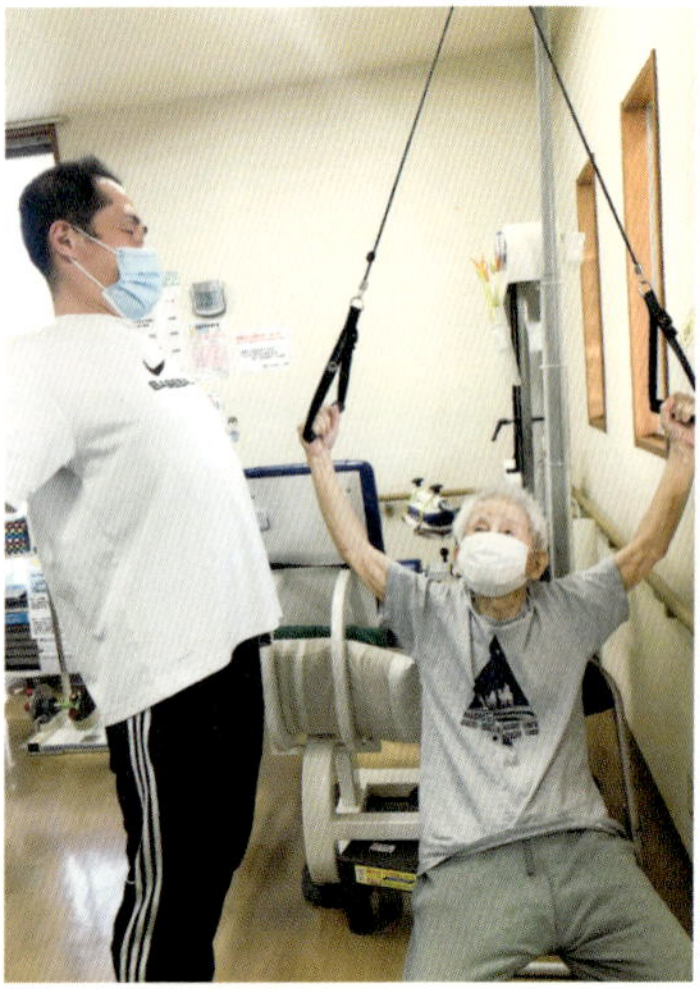

プハーッと胸を開いて、伸ばす！

「今できよることはやり続ける。
これがわしの健康の秘訣じゃ」

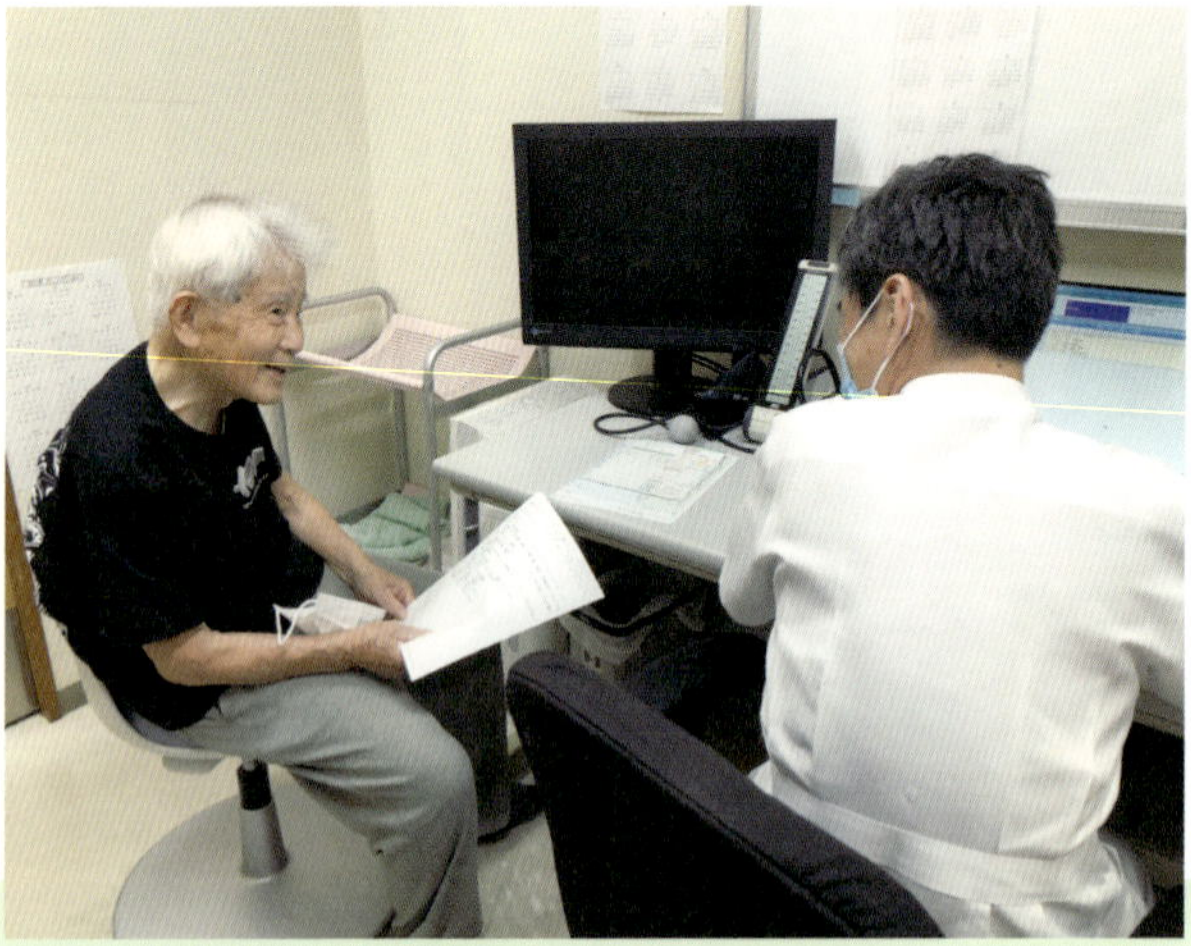

病院で健康診断。「どっこも悪うないんですか？　やーれ、えかった」

「お互い元気で頑張ろうで。わしもあんたを頼りにしとるんじゃけんの」

101歳の親友と。
「またおいでえよ。
コーヒー淹れるけん」
「おう、また来るわ。
それまでお互い
達者でおろうの」

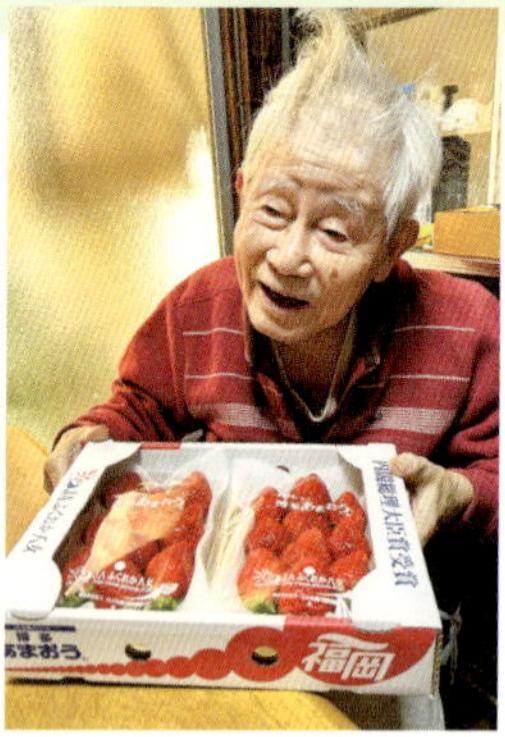

「ああ、うんまい！」

「これこれ、これが食いたかったんじゃ」と
あっぱれな食欲の父。とにかくかっ食らう！
かぶりつく！　そしてあっという間に
「いやあ〜うんまかったわいや」と完食。
お父さん、私の分も残しとってね。

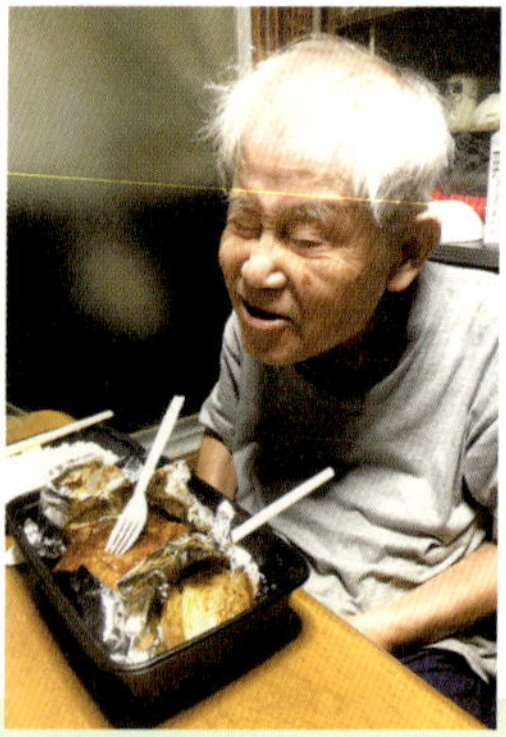

岡山の
ぶどう

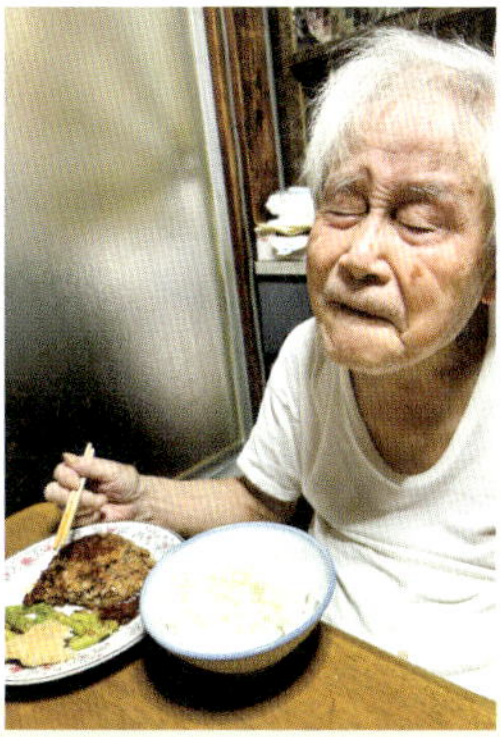

「自分で辞書を引いて調べて
ノートに書きつける、
この手間が大事なんよ」

わからないことは広辞苑で調べます。お父さん姿勢が悪いよー。

円高と円安の仕組みが
わからなくなったらしいです。

「はあ、こういうことか」… 何を書いているのかな？

「お父さん元気？」

全国のファンに向けて配信イベント。
このポロシャツもファンからのプレゼントです。

「うん。ありがとね〜」

この家での父の暮らしはこれからも続きます。

第1章　ふたり暮らしの言葉

1　「これからはわしがおっ母《かあ》に恩返しする番じゃ」

母・信友文子に認知症の症状が出始めたのは、2013年頃のことでした。父の良則は当時、もう90代半ば。一人娘の私は東京でテレビディレクターをしていたので、両親は長らく二人暮らしでした。

母の異変を受け、私は悩みました。

「お父さんはどうせ何もできないだろうから、私が仕事をやめて実家に帰るべき？　介護サービスに頼れば何とかなるのかしら？　それとも施設にお願いするしかないのかな……」

そう、最初のうち私は、父を全くアテにしていなかったのです。父はそれまで、家事なんてまるでやったことのない人でしたから。

昔からずっと、信友家の主導権は母が握ってきました。母は社交的で明るく

若かりし頃の母。ひょうきん者でした。

友達の多い人。一方、父はおとなしくて本ばかり読んでいるインドア派。全く性格の違う二人でしたが、不思議と相性は良かったのです。

というより、シャイなイケメンの父に母がベタ惚れだった、と言った方が正確かもしれません。とにかく母は父に、徹底的に尽くしていました。

それまでの父は、大げさでなく本より重いものを持ったことがなかったと思います。力仕事も含め、すべて母がやっていましたから。

たとえば私が小さい頃、ウチは五右衛門《ごえもん》風呂でしたが、燃料の薪《まき》割りから風呂焚《た》きまで、すべて母の仕事でした。

父が一番風呂に入ると、母が背中を流してあげます。湯上がりには母の用意した着替え一式を、父は順番に着ていくだけ。着るものも下着まで全部母の手作りで、どれもが小柄な父にピッタリでした。

父からすると、自分は何もせずに座って本を読んでいるだけで、生活は何の支障もなく、つつがなく回っていたのです。言葉を変えれば、それだけ母が完璧なスーパー主婦だったということです。

そんな母は当然、私の憧れでした。話もおもしろい人でしたから、私は帰省しても母とばかり喋り、おとなしくて存在感の薄い父のことはほとんど無視でした。「お母さん、頼りになるわあ」と思った経験は山ほどありますが、「お父

若かりし頃の父。母のおかげですこぶる快適に暮らしていました。

さん、頼りになるなあ」は一度もなかったと断言できます。

母を尊敬していたからこそ、認知症になった時は大ショックでした。「何でこんなこともできんようになったの」「情けなくて見とられんわ」母の異変をなかなか認められず、「しっかりしてやお母さん」と思わず責めてしまったことも数知れず。

そんな時です。茫然自失の状態から抜けきれない私を尻目に、気づくと父が少しずつ、家事を肩代わりし始めていたのです。

母に代わって買い物に行く。たまった洗濯物を洗い始める。ゴミをきちんと分別して出しに行く。遂《つい》には母の裁縫箱を取り出して、代わりに繕《つくろ》い物までし始めました。

「えーお父さん、こんなこともできるん？　すごいね！」

驚く私に照れくさそうな父でしたが、続いて言った言葉が忘れられません。

「これまで、わしが何もせんでもひとつも困らんかったのは、おっ母がみなしてくれよったけんじゃのう。こうなって初めて、いかにおっ母に世話になりよったかが身にしみてわかったわ。これからはわしが、おっ母に恩返しする番じ

© 映画『ぼけますから、よろしくお願いします。』

や」

この言葉から7年間、父は母を支え続けました。今度は父がお風呂を沸《わ》かし、母を入浴させ、着替えを用意したのです。時にはおもらしした母を着替えさせ、汚れた下着を洗うこともありましたが、それでもやさしくお世話していました。根底に「**わしをこれまで支えてくれてありがとね**」という感謝があったからこそだと思います。

「何もできない」といささか見くびっていた父が、実はこんなに愛に溢れた「イイ男」だったとは……。この発見は、娘の私にとっても贈り物となりました。

認知症は確かに、本人にも家族にも辛

い病気ではありません。でも見方を変えれば、今まで気づかなかった大切なことに気づかせてもらえる、得難い体験にもなるのではないでしょうか。

母が認知症にならなければ、私が父にちゃんと目を向けることもなかった。そしたら当然、父の愛らしい笑顔を写真に収めようと思ったり、父のつぶやく素敵な言葉に心を震わせたりすることもなかった……。

そう思うとこの本も、大好きだった母の認知症がくれた、大切な贈り物のひとつだと言えそうです。

2 「誰でもなる病気じゃけん、恥ずかしいことはないわい」

みなさんは「認知症」にどんな印象をお持ちでしょうか。「認知症になったらこの世の終わり」みたいに思っている方が多いのではないでしょうか。脳に何やら恐ろしい異変が起きる。それは進行する一方で、治す薬はおろか、進行を食い止める薬すらない……。そんなふうに考えると、絶望するなと言う方が無理かもしれません。

実際私も、母のおかしな言動が始まった頃には「お母さんが認知症だなんて信じたくない！」と目を背けようとしましたし、いざ「アルツハイマー病」の診断を突きつけられると、「この先ウチはどうなってしまうんだろう」と途方に暮れて鬱《うつ》っぽくもなりました。

でも父は違いました。最初からどっしり構え、泰然自若《たいぜんじじゃく》といった雰囲気で現実を受け止めたのです。少なくとも私にはそう見えました。「**これも運命よ。ハハハ**」と時にカッコつけつつ、ひょこひょこ動き回って母のお世話に精を出す姿は、見ているだけで救いになりました。

思えば、父は母のために普段通りのふるまいを心がけたのかもしれません。なぜなら、母自身が自分の異変に動揺し、しょっちゅう不安を口にしていたからです。「私はバカになってしもうた」「この先どうなるんじゃろう」と。そんな母に、父はあえて「大したことじゃないよ」と態度で示して安心させようとしたのではないでしょうか。

認知症の人は、ぼけたからといって何もわからなくなるわけではありません。本人が一番、自分の異変に怯《おび》え、不安を抱えているのです。それに気づいたからこその思いやりを、父の言動からは感じられました。

母が「私は何でこうにぼけてしもうたんじゃろう」と悩み始めると、父はいつもやさしく声をかけていました。

「**あんたねえ、そりゃあ病気じゃけん、しょうがないんよ**」

え？　本人に病気だって言っちゃうの？　私はギョッとするのですが、父は

その場しのぎの嘘をついたりなんてしません。真実のみを話し、そして自分の変わらぬ愛情をしっかりと母に伝えていました。

（その点、私はつい「お母さんはぼけてないから大丈夫よ」などと嘘をついてしまい、「口から出まかせ言わないで！」と母を怒らせていました。知らず知らずのうちに認知症の母を軽く見て、いい加減に返答していたのを、母本人に見透かされたわけです）

父と母のやりとりは続きます。

「お父さんは、私がこうな病気になったのが心配？」

「そりゃあ心配よ。家族じゃけんの」

「じゃあお父さんは、私がこうな病気になったのが、恥ずかしい？」

「いや、恥ずかしいことはないわい。年をとったら誰がなってもおかしゅうない病気じゃけんの」

とたんに母の顔がパッと明るくなるのがわかりました。

「ほんま？　恥ずかしゅうない？　それならよかったぁ」

そう、父には不思議なくらい、認知症への偏見がないのでした。昔からリベラルな考え方の人ではありましたが、新聞を毎日欠かさず読むので、認知症に関する情報もちゃんとアップデートされているのでしょう。

「もしわしが病気になったら、あんたはわしの面倒みてくれるじゃろ？」

「そりゃあみるわいね」

「ほうじゃろ。**今回はたまたまあんたが病気になったけん、わしが面倒みよるだけのことよ。おたがいさまじゃけん、あんたは気にせずにわしに甘えときゃええんよ**」

父にそう言われて「ほんま？」と少女のように頬を赤らめる母。

そう言えば認知症になってから、母はこんな表情をよく見せるようになりました。やたらと父に頼り、甘えるようになったのです。「お父さん、お父さん」と父の後をついて歩いたり、少しでも姿が見えないと「お父さんはどこ?」と探し回ったり。そして父を見つけるとぎゅっと腕をつかみ「おらんようになったらダメよぉ」と拗《す》ねてみせるのです。

母は昔から父のことが大好きでしたが、戦前生まれですから慎み深く、娘の前でスキンシップなど決して見せませんでした。でも認知症になっ

てから、少し理性のタガが外れたのか、私が目のやり場に困るような大胆な態度をとるようになったのです。

そして父も、これが母に甘えられると満更でもなさそう。「どしたんなぁ」と照れつつもデレデレしちゃって……。

そんな二人を見ていると、認知症も不幸とばかりは言えないな、と素直に思えます。今の母はやりたいことを思いっきりやれて案外幸せなのかも。都合の悪いことは全部認知症のせいにしちゃえばいいんですから（笑）。

両親がイチャイチャと仲良しなのは娘から見てもほほえましく、何だか幸せのおすそ分けをもらったような気分になります。これも「認知症がくれた贈り物」のひとつかもしれませんね。

3「これからはわしが掃除当番になるわい」

今まで常識的でやさしかった人が、認知症になると突然、ビックリするような暴言を吐いたり、暴力をふるったりする……。家族にとって一番辛いのはこれです。母にもこの症状が出て、そのたびに私も「お母さん、何で……?」とやりきれない思いをしました。

でもそのうちわかってきました。母の暴言や暴力には、母なりの理由があるのだと。母はむやみやたらと暴れるわけではなく、不穏になるのには必ず、介護するこちら側に何かしら原因があるのです。

認知症の人は介護者の鏡だとよく言われます。こちらがニコニコしていると母も安心して機嫌がいい。でもこちらがイラついていると母は「自分のせいだろうか」と怯えたり、責任を感じて泣き出したり、反対に居直って「私をバカ

© 映画『ぼけますから、よろしくお願いします。』

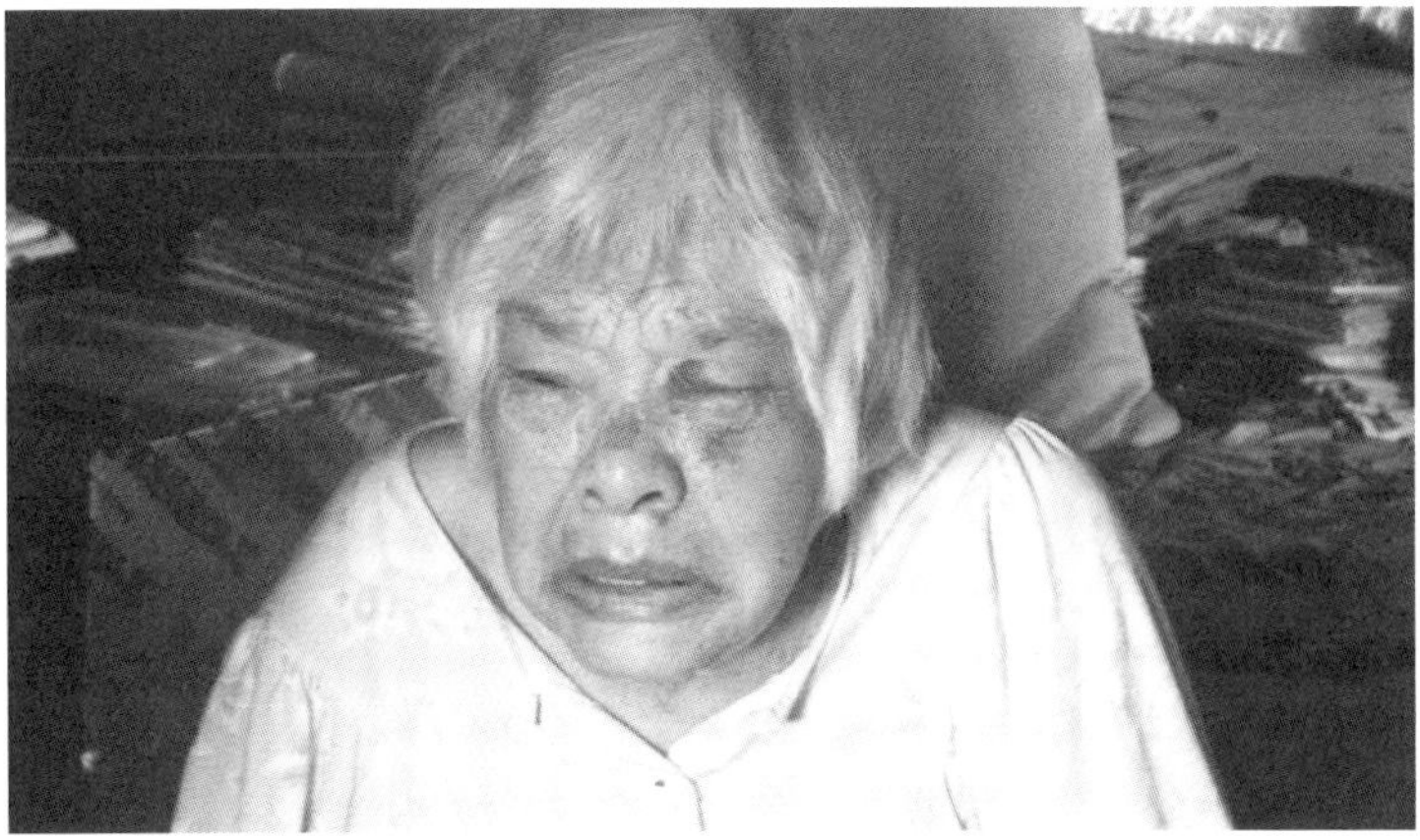

にしとる！」と逆ギレしたりするのです。

それまでの母は、家族の面倒をみることが生き甲斐で、家事能力にはかなりの自信を持っていました。なのに、今まで簡単にできていたことができなくなるのですから、その恐怖と絶望たるや相当だったと思います。

ここで母のレゾンデートル（存在意義）が揺らぐわけです。家族の面倒をみられなくなった自分は、この家にいていいのだろうか？　いや、自分はもう面倒をみられないどころか、逆に家族に面倒をかけているじゃないか。ここにいても家族の迷惑になるだけじゃないのか？

そんな感情がいつも頭の中でグルグル

渦巻いているから、たとえばデイサービスに行かせようとすると暴れ出すのです。

「私がここにおったら邪魔なんね？　私を厄介払いしたいんじゃろ！」

と大声でわめき出し、そこらへんの物を手あたり次第に投げつける……。

母の豹変《ひょうへん》に、私も思考停止に陥《おちい》ってしまうのですが、こんな時、真っ先に浮かぶ感情は「恥ずかしい」なんですよね。ご近所に母の罵声を聞かれたら何と思われるだろう？　朝っぱらから何事かと訝《いぶか》しまれたくない。その一心で、

「近所迷惑だから静かにして！」

思わず母の口を手でふさぐと、その手を噛まれて「お母さんは獣になってしまったのか」と余計にショックで……。

あの頃は「せっかくお母さんのためにデイサービスを頼んだのに、間際になって行きたくないだなんて、嫌がらせなの？」と自分の立場からしか考えられませんでしたが、今ならわかる気がします。母はきっと、自分はこの家では用済みだから本当にどこかに連れて行かれてしまうんじゃないか、という恐怖心から「行きとうない！」と必死に抵抗していたのです。

そんな、私に欠けていた「想像力」を持って母に接していたのが、父です。父は、母の無念さをちゃんと想像し理解したうえで、母に代わって家事をやる時にも母の尊厳を傷つけないよう心がけていました。90代で初めて家事に挑戦するだけでもすごいことなのに、自分が妻の領分を侵《おか》すことで妻のプライドが傷つかないようにと、気遣っていたのです。

具体的に何をしたかというと、父はよく、母のためにちょっとした芝居を打っていました。家事をする時に、わざと鼻歌を歌いながらやったのです。

そうすると、最初は「私がおかしゅうなったけん、お父さんに洗濯なんかさせよる。どうしよう」と落ち込んでいた母も、

「ありゃ、お父さんは鼻歌歌いながら洗濯しよるが。ホンマは洗濯が好きなんかね？　まあ、好きなことをしよるんなら、やらしとってもええか」

と気が楽になるのです。

他にも私がよく覚えているのは、父が掃除機をかけていた時のこと。いつものように母が泣き出し、

「私が掃除せんようになったけん、お父さんにさせて、ごめんねぇ」

と申し訳ながると、父は、

「あのね、信友家は1軒しかないんじゃけん、誰が掃除しても一緒よ。今まであんたがずっと掃除してくれよったんじゃけん、これからはわしが掃除当番になるわい」

と言ったのです。それを聞いて私、胸がきゅんとしちゃいました。

母はきっと嬉しかったはずです。「あんたがずっと掃除してくれよった」と言われたことで「ああ、お父さんは、私が長年やってきたことを認めて感謝してくれているんだな」と思えますから。

それに「掃除当番」という言葉には、小学校の「掃除当番」や「給食当番」の

ような、どこかかわいらしい響きがあるので、それまで泣き顔だった母はにっこりと笑顔になり、

「ほうね。ほんなら今日はお父さんが掃除当番ね」

と冗談っぽく言い返したのです。その瞬間、明るく冗談好きな本来の母が戻ってきたように感じました。

どうして父は、こんなふうに母の気持ちを軽くする言動ができたのでしょうか。

父本人に聞いても「そうなこと言うたかいのう」とはぐらかされるばかりなのですが、おそらく父は昔から本をよく読んでいる人なので、想像力を働かせる訓練、人の気持ちを想像する訓練ができていたのではないかと思うのです。

それで思い出すのが、認知症の人の家族会に参加した時に主宰の方から聞いた話です。世の夫の多くは、妻が認知症になってもなかなか認められず、夫という自分の立場を捨てられないのだとか。

多くの夫は、妻は病気だと頭でわかってはいても、「何でこんなまずい飯を作るようになったんだ。こんなもの食えねえ！」とか「何でこんなに洗濯物を

ためてしまうんだ。俺の着る服がないじゃないか！」などと声を荒らげてしまうのだそう。それだと、ただでさえ申し訳ないと思っている妻は、ますます肩身が狭くなり、居場所がなくなってしまいます。ああ、気の毒な奥さんたち……。

そんな話を聞くにつれ、わが父は大正生まれなのに何てフレキシブルな感覚を持っていることか、と感動してしまいます。

「妻は尽くす側、夫は尽くされる側」という古い価値観にとらわれず、**「できる方がやればええんじゃ」**とフットワーク軽く動ける父。自分たち夫婦にふりかかったピンチに柔軟に対応する様子を見ていると、父には「最強の生活者」の称号をあげてもいいんじゃないか、とさえ思います。

そしてそんな「最強の生活者」に守られている母は、やはり幸せ者だなあと、羨ましくもなるのです。

4「わしが代わりに覚えとってやる」

「最強の生活者」である父は、どんな時も母の最大の味方でい続けました。認知症の症状に悩む母に父がかけた言葉で、強く印象に残っているものがもうひとつあります。

母が「私は何でこうに何でも忘れてしまうんじゃろうか」と嘆いていた時のこと。父は「ええこと思いついたわ」と、母にひとつの提案をしました。

「あんたは、『大事なことを聞いた。これは忘れたらいけんことじゃ』と思うたら、すぐわしに言いに来んさい。わしが代わりに覚えとってやるけん。どうじゃ、ええ考えじゃろ？」

「お父さんが、私の代わりに覚えとってくれるん？」

よく飲み込めない様子の母に、父はなおも続けます。

「信友家は二人おるんじゃけん、どっちかが覚えときゃあええじゃろ？　これからは協力し合っていこうや。わしが覚える係をやるわい。じゃけんあんたは、そう気にせずに大船に乗ったつもりでおりんさい」

「ほんなら、私は何の係をやったらええん？」

と母。やはり母も自分の役割がほしいんです。

父もそれがわかっているので、否定はしません。

「ほうじゃのう、あんたは何の係をやったらええかのう。ちぃと考えてみるわ」

「ほんま？　考えてくれる？　約束よ。私、何でもするけんね」

私もお父さんの役に立てる！　そんな希望が生まれたことで、嘆いていた母も笑顔になります。そしてしばらくは、母は自分が何の係を振り当てられるのかワクワク楽しみに過ごし、そのうち約束したことを少しずつ忘れていく……。それは悲しいけれどほほえましい、平和な光景でした。

考えてみれば、父の言う通りですよね。認知症の人に「物忘れする」という不便な症状があるのなら、代わりに誰かがその不便を補ってあげればいいのです。そしてその「誰か」がいつも一緒にいる大好きな家族だったら、なおさら嬉しい。父の言葉は、寄り添う家族がかけるには、最も心強くやさしい言葉なのではないでしょうか。

「認知症は不便ではあるけれど不幸ではない」。これは認知症の当事者である佐藤雅彦さんの言葉ですが、認知症になってもそう思えるように、周りの人たちが本人を支えてあげればいいんですよね。できなくなったことは代わりにやってあげるとか、どうやったらできるかを一緒に工夫してみるとか。

私は、認知症になった母と老老介護する父の暮らしぶりを描いた自作の映画に『ぼけますから、よろしくお願いします。』というタイトルをつけました。

父と母が笑顔で並ぶ映画のポスターを見るたび、二人がこんな会話をしているような気がしてきます。

母「私はぼけますから、お父さんよろしくお願いしますね」

父「おう、わしにまかせとけ。ぼけてもあんたは何も心配せんでええんよ。これからも二人で仲良う、しあわせに暮らしていこうや」

5 「今朝は早う起きた。えらい！」

映画『ぼけますから、よろしくお願いします。』の中で、あなたの好きなシーンはどこですか？

みなさん、いろんなご意見がおありでしょう。娘で監督の私自身、ひとつに決められないくらいたくさんあるのですから。その中で今回は、わりと見過ごしがちだけれど私の大好きな、父の一言をご紹介しましょう。

朝、デイサービスに行く準備をうながされて機嫌の悪い母。その時、父が言ったのです。

「あんたは今朝は早う起きた。えらい！」

これ、なかなか言えない一言ではないでしょうか。

母はこの頃、朝起きるのがめっぽう苦手になっていました。いつまでも布団の中でぐずぐずしているのです。介護サービスのない日など、父が朝食を用意して「朝めし食おうや」と誘ってもいっこうに起きてきません。昼食にも起きてこず、夕方になってやっと起き出す、そんな日もあったようです。

父は食卓が片づかなくて困ってはいたものの、特に文句は言わず好きにさせていて、母が手をつけていない食べ物は「あんたが食わんのなら、わしが食うぞ」と冷たくなったものを自分で食べたりしていました。

（私はと言えば、母のそんな様子を見ていると、高校の頃に毎朝4時半に起きてお弁当を作ってくれていた、溌剌《はつらつ》とした母の面影《おもかげ》とどうしても比べてしまい、落ち込むばかりでした）

もちろん母にも起きられない理由はあるでしょう。まず、今が朝か夜かがわからない。起きても自分が何をしたらいいかわからないし、やれそうなこともないし、それを考えると混乱してしまうから、とにかく目をつぶって眠りに逃げ込みたい……。おそらくそんな心理状態だったのではないでしょうか。

だから、週1回のデイサービスの日には、朝9時のお迎えまでに起きて支度をさせるよう、父はとても苦労していました。

「起きようや」と言っても「放っとってや！」とはねつけられるし、「私をどこへ連れて行くんね！」と被害妄想にかられてわめき出すし……。そんな母をなだめたりすかしたりして着替えさせるのは、さぞや大変だったと思います。

それでも時々、驚くほどすんなり起きる日もありました。まあ、すんなり起きても不機嫌であることに変わりはないのですが（笑）。そんな時、父は、ここぞとばかりに母をほめます。

「今朝は早う起きた。えらい！」

認知症の人のできないことをあげつらって責めるのは簡単です。でも、できたことをほめるのは、なかなかできないことではないでしょうか。

誰だってほめられれば嬉しいものです。自分に自信も出てきます。特に認知症の人は、できないことが増えて自信のない毎日を送っていますから、ほめてもらうことで自信を取り戻せるのです。

それで思い出したのですが、そう言えば父は昔から、母の料理をさりげなくほめていました。

「こりゃあうんまいのう」

そう言ってもりもり食べていましたし、食べた後には常に、「**やれ、うんまかった、ごちそうさま**」の挨拶を欠かしませんでした。

結婚してからずっと、母が父の世話を嬉々として焼き続けてきたモチベーションは、こういった父の言葉の魔力も大きかったのかな、と思います。

やっぱり夫婦の仲良しの秘訣は、いいところは遠慮なくほめて相手をいい気持ちにさせてあげる、ということに尽きるのかもしれませんね。

普段はおとなしくて口数の少ない父ですが、たまに発するキラーフレーズで母の心をがっちりつかんできたんだなあ……。母が生涯、父にメロメロだった謎が、だんだん解けてきた気がします。

やるなあ、お父さん!

6「感謝して暮らせ！」

映画『ぼけますから、よろしくお願いします。』の中で最大の衝撃映像は何でしょう？

これはもう満場一致で、「死にたい！」と叫ぶ母に父が**「死にたいなら死ね！」**と叫び返すところでしょう。「あの温厚なお父さんが……」とショックを受けた方も多いかもしれません。

映画を観ていない方のために、どんな場面か説明すると……。

いつものように朝起きられず、布団に潜《もぐ》ったままの母。父はすでに早起きして洗濯をすませ、朝食の用意をしています。自分がまるで当てにされていないことに傷ついたのか、母が突然叫び出します。

「そがいに私が邪魔なんね！　そんならもう私は死んでやる！　包丁持ってき

© 映画『ぼけますから、よろしくお願いします。』

てくれ！」

しばらくは穏やかに諭《さと》していた父ですが、あまりに「死ぬ」を連発する母に、突然、

「**ばかたれ！　そがいに死にたいなら死ね！　何をぬかすんな！　死ね！　死ね！**」

私はあまりの衝撃に固まってしまいました。父は元来おとなしい人で、声を荒らげたところなんて見たこともありません。生まれて初めて見た父の修羅の形相《ぎょうそう》に、リアルに恐怖を感じたのです。お父さん、こんな『仁義なき戦い』みたいな物言いをする人だったの？

しかし一方で、ビデオカメラを回していた監督としての私。これはもう恥をしのんで言いますが、ワクワクが止まらなくなっちゃいました。「うわぁ、すごいことが起きてる！」夢中で撮影を続けていました。つくづく業の深い娘ですよね……。

後に冷静になると、娘の私と監督の私が心の中でせめぎ合いを始めました。この修羅場、はたして映画に入れてもいいものだろうか？　父のイメージダウンになりはしないか？　たった一度爆発しただけなのに、父が「キレやすい怖い人」だと誤解されたらかわいそう……。

悩みつつ映像を見返した私は、あることに気づきました。現場では「死にたいなら死ね！」に気を取られて印象に残らなかったのですが、父はしきりに母に「**感謝して暮らせ**」と繰り返していたのです。

「**ちっとは感謝して暮らせ。みんな良うしてくれよるじゃないか。おまえは『ありがとう』の心が持たれんようになったんか**」

ハッとしました。実はそう言われた母こそが、今まで何より「感謝」を大切に生きてきた人だったからです。

私が幼少時から母に一番しつけられてきたのは「人に感謝すること」でした。

母は口を酸っぱくして言ったものです。

「あんたが今こうしておられるのは、決してあんた一人の力じゃないんよ。周りの人のおかげなの。だから感謝の気持ちを忘れたらだめ。いつも『ありがとう』の気持ちを持って人に接しなさい」

ああ、確かに母はそういう人だった！　母の一番良いところが失われそうになるのを、父は必死で食い止めようとしていたんだ……。

この頃母は、ケアマネジャーさんやヘルパーさんに助けてもらいながら生活していました。父は「**その人らへの感謝の気持ちを、おまえは何で持たれんようになったんじゃ？　そうな人間じゃなかったろう？**」と一生懸命訴えていたのです。

父は母を、物忘れをしたり家事をやらなくなったという理由で怒ったことは一度もありません。そんなのは自分が補えばいい、と思っているからです。でも、母の一番の美点が失われることには我慢ができなかったのではないでしょうか。それこそが、父の愛した母そのものだから……。

胸にずしりと来ました。認知症になったからといって、父は母という人を諦めていないんだ。大切な存在として向き合っているからこそ、母のために出た言葉なんだ。

振り返って私はどうだろう？　私は父ほど真剣に、母に向き合えているだろうか？

「私は邪魔になるけん、もう死にたい」

母が初めてそう言い出した時にはさすがにショックでしたが、この頃にはもう母の暴言にも慣れてしまって、正直「また始まった」としか思っていませんでした。

「まあまあそう言わずに。誰も邪魔になんかしとらんよ」

映像には、やさしげに母をなだめる私の声も入っています。でもその裏からは、私の心の声が聞こえてくるようです。

「こんな感じで適当になだめておけば、そのうち癇癪《かんしゃく》もおさまるでしょ。どうせお母さんは認知症なんだから、ムキになって道理を説いたって、こっちが疲れるだけだわ」

ああ、私は、自分のズルさを突きつけられたようで恥ずかしくなります。

結局私は、自分が楽をしようとしているだけなんですよね。認知症の本に書いてある「認知症の人を決して怒ってはいけません。本人が何を言っても否定せず傾聴《けいちょう》しましょう」というマニュアル通りに「やさしい娘」を演じているだけなんです。母のためではなく、自分のために。マニュアルに従って、思考停止して、よけいなエネルギーを使わなければ、自分がこれ以上傷つかなくてすむから。

でもそれは、キツイ言い方をすれば、どうせ認知症なんだからと、大好きだったはずの母を諦め、見捨てたことになるんじゃないでしょうか。

確かに父が怒鳴り返したことは、「認知症対応マニュアル」に照らせばとんでもないことです。でも父は、そんなマニュアルなんてクソくらえ、なんです。認知症なんて関係なく、ただシンプルに「**おまえの一番いいところをなくしたらだめじゃないか！**」と母に伝えたいだけなのですから。

そして母にも、そんな父の思いはきちんと伝わっていました。「死にたいなら死ね」なんてひどいことを言われたにもかかわらず、「それなら死んでやる」みたいに売り言葉に買い言葉にはならず、思わず母の口から出たのは、

© 映画『ぼけますから、よろしくお願いします。』

「そうに怒らんでもええじゃないの……」

それまで威勢の良かった母は、叱られた子供みたいに一気にシュンとしちゃいました。その後、父の見ていないところで「私が悪かったね……」と反省の涙。

そして驚くことに、しばらくしたら父にニコニコと近づいて行って、

「お父さん、背中痒《かゆ》いことない？　掻《か》いてあげようか？」

ご機嫌取りなのか何なのかよくわからない、謎のアピール。父も「おう、そんなら掻いてもらおうか」と背中をはだけて、まるで蚤《のみ》取りをするお猿さん夫婦みたいな、ほほえましくかわいらしい名シーンが誕生したのです。

私は思いました。愛はマニュアルをやすやすと超えていくんだなあと。本当にその人を思う気持ちがあれば、怒鳴ってもひどいことを言っても、絶対に誤解されることはないんだなあと。

大バトルを経て、ますます深まった父と母の絆。そして、大切な気づきをくれた父のことを、ますますカッコイイと思ってしまう私なのでした。

7「わしだけ楽をするわけにはいかん」

2018年9月、母が脳梗塞《のうこうそく》を発症しました。

認知症以外の持病があったわけでも、血圧が高いわけでもなかったので、まさに不意打ちでした。慌てて帰省し救急病院に駆けつけると、たくさんの管につながれた母は、白い小さな人形のようにぐったりと横たわっています。

胸が痛みました。「前兆はあったかもしれないのに、どうして気がついてあげられなかったんだろう？」

ぐずぐず悔いてばかりの私に比べ、父は最初から驚くほど前向きでした。

「おっ母は片麻痺《かたまひ》だけらしい。まだ体の右半分は普通に動くけん、リハビリしたら家に帰って来られるわい。**のう、おっ母。頑張って家に帰ろうや**」

母は左半身が麻痺していましたが、右手右足は問題なく動きました。言語中枢も損傷していなかったので、母もはっきりと自分の意思を口にしました。

「私、早う家に帰って、お父さんとまた一緒に暮らしたい」

そして、父の言葉に触発されたのか、俄然リハビリを頑張り始めたのです。麻痺した左半身を理学療法士さんに抱えてもらいながら、右手右足でふんばって、必死の歩行訓練。最初は一歩進むのもやっとでしたが、二歩、三歩と、歩行距離はしだいに伸びてゆきました。

そんな母を励ますため、父は毎日、面会に行きました。家から病院までは、父の足だと片道1時間はかかります。往復だと2時間。シルバーカーを押しながら、日照りの日も雨の日も、父は歩き通しました。

「お父さん、今日も行くんね？　少しお休みしたら？」

父の体調が心配になって、私が声をかけたこともしばしば。

「今まで何年もお母さんの世話をしてきたんじゃけん、疲れも溜まっとるでしょう。お母さんの世話は、もう病院の看護師さんがしてくれてじゃけん、お父さんは家でのんびりしたら？」

しかし、父は頑《かたく》なでした。

「おっ母が毎日リハビリを頑張りよるのに、わしだけ楽するわけにはいかんわい」

そう言って一日も休むことなく、母のもとへと通うのでした。

「おっ母、わしが来たで～」

父の姿を見ると、母の顔もパッと明るくなります。そして父は、母の枕元に2時間も3時間も座って、母の手を握り、話しかけるのです。

いったい何を話しているのかな？　気になって耳をすませると、

「昨日わしは、ヒラメの刺身を食うたよ。あんたも食いたいじゃろ？　早う帰ってきて食おうや」

「あんたが帰ってきたら、すぐわしがコ

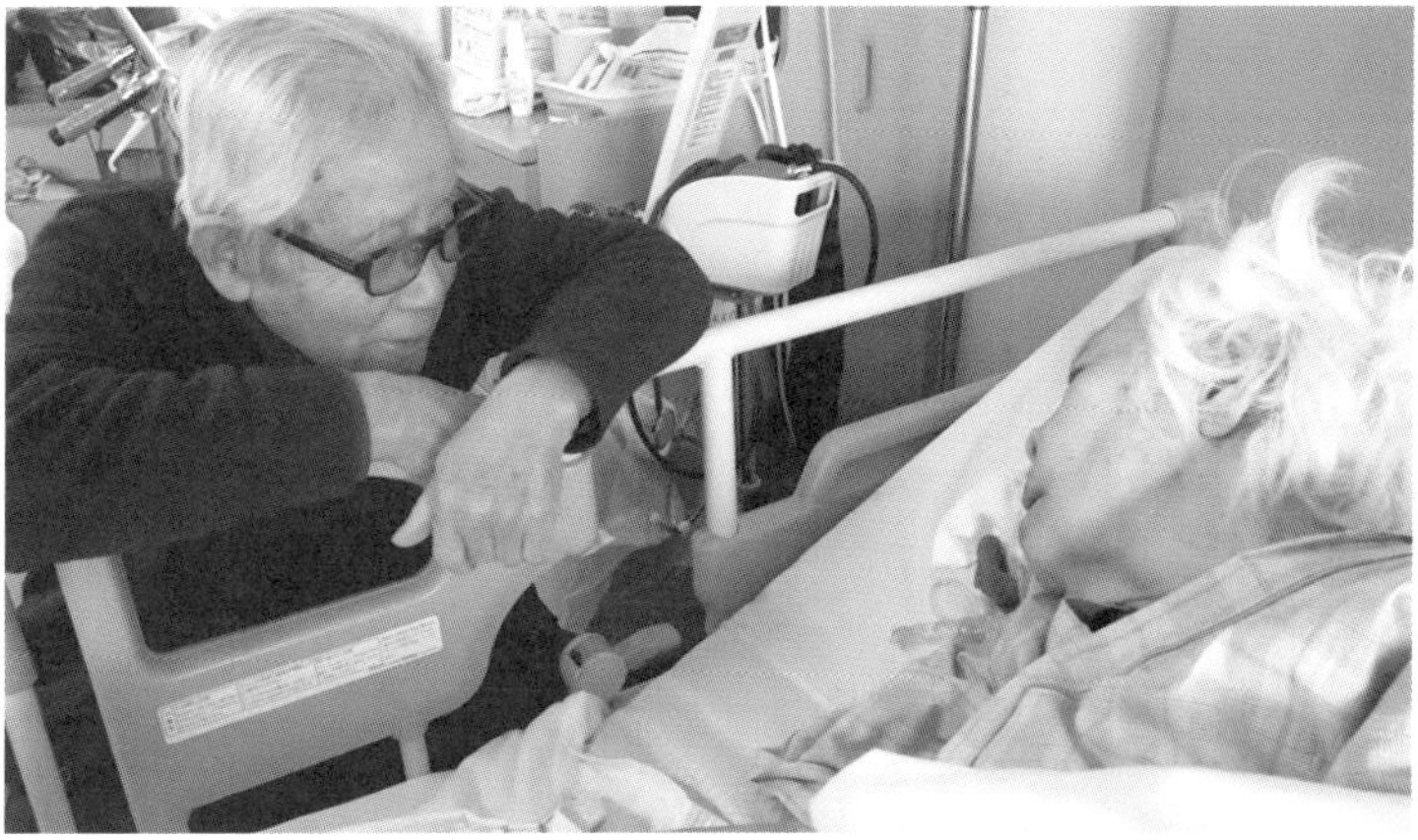

© 映画『ぼけますから、よろしくお願いします。～おかえり お母さん～』

ーヒー淹《い》れちゃるけんの。また一緒に飲もうや」

食いしん坊の母をやる気にさせるのは食べ物の話だと、父はちゃんとわかっているんですね。次々と母の好物の話題を出して、あからさまに「食べ物で釣る」作戦に出ていたので笑っちゃいました。

そして、父のもうひとつのミッション。それは、家に帰って来てからの母を支えるための準備でした。

文字通り、麻痺した左半身を常に「支えて」いないと、母は動けないのですから。

病院で母のリハビリ姿を見学した父は、

「おっ母が家に帰ってきたら、わしがあの兄ちゃん（理学療法士さん）みたいに左から抱えてやらんといけんのじゃのう。**そんならわし、もっと筋力をつけんといけんわ**」

そう気づいた父が始めたのは「筋トレ」でした。近所のクリニックのマシンルームで、週3回、エアロバイクを漕《こ》いだり、腹筋マシンで腹筋を鍛えたりし始めたのです。なんと98歳で！

もともと勉強熱心な人ですから、トレーニングの本を読んで「体幹」という言葉も覚えたらしく、

「体幹がしっかりしとらんと、おっ母がもたれかかってきたら、よろけてしまうけんの。二人で一緒に転んだら、それこそ大ごとじゃ」

そう、思えば父の行動の原点は、すべて母なんですよね。93歳で家事を始めたのも、98歳で肉体改造にまで挑戦したのも、結局は母との暮らしを守るためなんです。

愛の力って、すごいな……。

母が入院したことで、父と母の物理的な距離は離れたのに、二人の心の距離は今まで以上にぎゅっと縮まった気がして、ほっこりと幸せな気持ちになる娘でした。

8 「おっ母を、あのまま家におらしてやりたかった」

母の脳梗塞のリハビリは、しばらくは順調でした。しかし、ある日突然……。母が再びぐったり。検査すると、反対側の脳にも小さな梗塞が見つかったのです。

懸命なリハビリで少しずつ進歩を積み重ねてきたのに、また振り出しに戻ったことで、母はかなり気落ちしたようでした。そのうえ、右半身にも軽い麻痺が残ったため、もう右手右足をふんばれなくなり、これ以上のリハビリが望めなくなったのです。

「もう家には帰れんかもしれんね……」

きっとそう思ったのでしょう、母はすっかり気力をなくし、今回の発作で少し言語障害が出たこともあって、口数がめっきり減って意思疎通が難しくなり

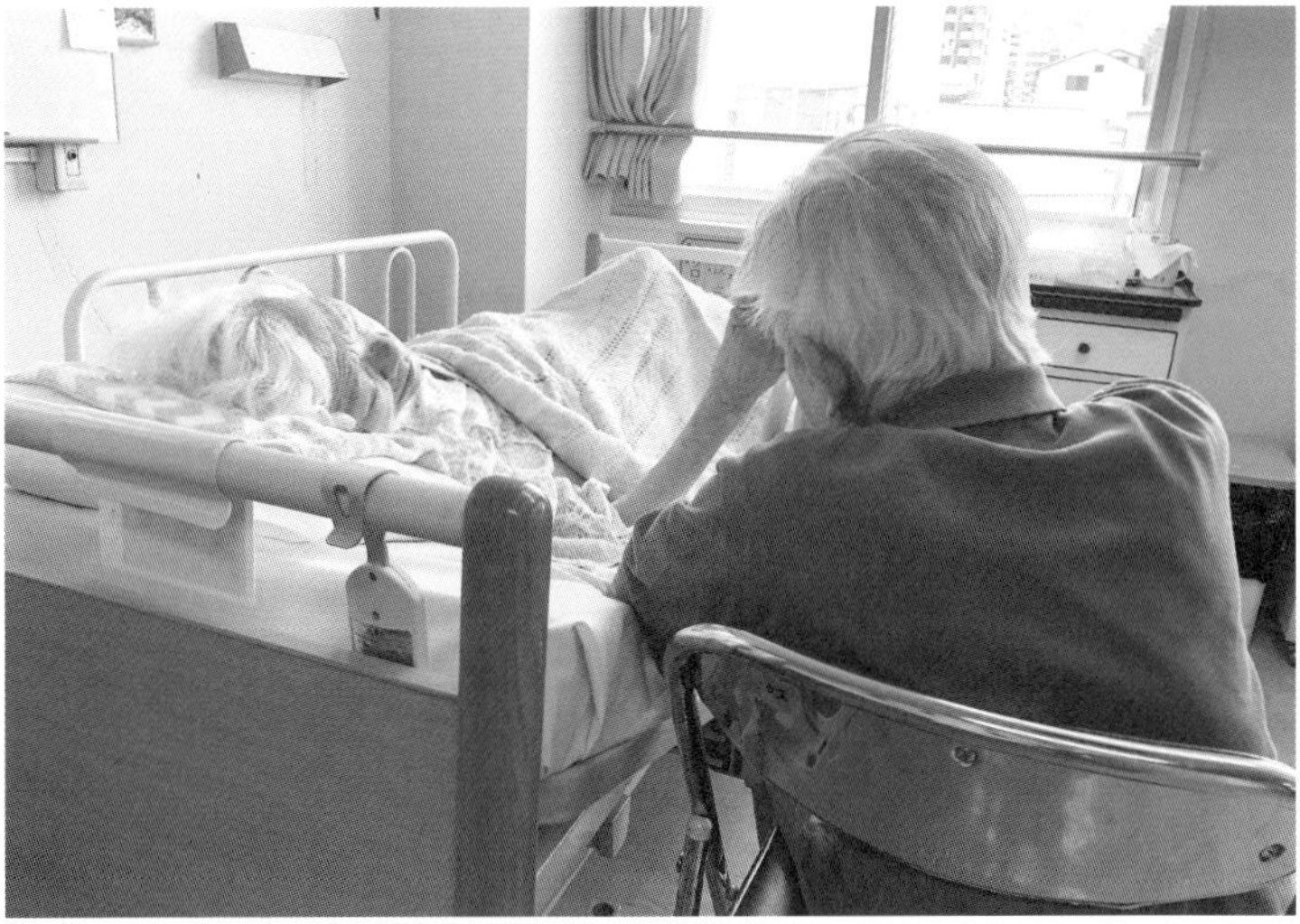

ました。
　さすがの父も「頑張って家に帰ろうや」と言わなくなりました。落ち込む母を目の前にして、気休めは言えなかったのだと思います。黙って母の手をさすってやるだけの日々が、しばらく続きました。
　母は少しずつ、弱っていきました。そのうち嚥下《えんげ》もうまくできなくなり、ヨーグルトを誤嚥《ごえん》して肺炎で苦しんだのをきっかけに、口から食べることも諦めざるを得なくなりました。寝たきりで、食べることだけが唯一の楽しみだったろうに……。

同時に、新たな問題が持ち上がりました。もう口から食べられないとしたら、母の栄養補給をどうする？

お医者さまからは、胃瘻《いろう》を提案されました。手術でお腹に小さな穴を開け、チューブを挿入して、胃に直接栄養を流し込む方法です。しかしこれはもはや延命治療の領域。果たして母は延命治療を望むのだろうか？

元気な頃の母と、一度もそんな話をしたことはありませんでした。いつかはこんな日が来るとうすうすわかっていたはずなのに、「親が死ぬ時の話なんて縁起でもない」と思って避けてきたのです。そのつけが回ってきたのか……。

後悔しましたが、後の祭りです。もはや話しかけても反応のない母に、意思を確認することはできません。父と私で決めるしかありませんでした。

父はきっぱりと言いました。

「**胃瘻にしてやろうや。わしはおっ母に、ひもじい思いをさせとうない**」

その理由は、太平洋戦争を生き抜いた人ならではのものでした。

「わしもおっ母も、戦時中に食べるものが無うて、飢え死にしそうなほどひもじい思いをした。それが二人とも忘れられんのじゃ。『もう、ああいう思いはしとうないねえ。今は好きな物が好きなだけ食べられて、ほんまに幸せじゃ』と、よう二人で話しよった。**じゃけんわしは、おっ母にもう『腹が減った』いう思いをさせとうないんじゃ。腹の中はいつもいっぱいにしとってやりたい**」

父の思いを尊重して、母には胃瘻を造りました。そして、これは私の判断で、母を胃瘻患者専門の療養型病院に転院させることにしました。リハビリができなくなった以上、もう今いるリハビリ病院にはいられないからです。

その時点で私にはもう、「母を家に連れて帰る」という選択肢はまるでありませんでした。父には、

「家でまた具合が悪うなったら、また救急車を呼んで救急病院に入院して……の繰り返しになるでしょう。そんなの、お母さんの身体に負担になるだけよ。それより、最後まで面倒みてもらえる療養型の病院におらしてもらった方が、お母さんも私らも安心じゃわ」

そう言って納得してもらいましたが、私の心の中にはもっとエゴイスティックな考えがあったと認めざるを得ません。

寝たきりの母を在宅介護するには、私が仕事をやめて実家に帰るか、ヘルパ

ーさんや訪問看護師さんに常駐してもらうか、しないといけない。そんなの大変だし、現実的じゃないわ……。私は自宅療養の可能性を探ってみる努力すらしなかったのです。

でも父は、心の中で「**それでもわしは、おっ母を家に連れて帰ってやりたい**」と思っていたようです。自分一人では母の面倒をみられないとわかっていたから、口には出さなかったけれど。

そんな父の本心がわかったのは、母が亡くなってからでした。続編映画『ぼけますから、よろしくお願いします。〜おかえりお母さん〜』を完成させ、父に初めて見てもらった時のことです。

映画の中に、こんなシーンがあります。

母が療養型病院に転院する日。介護タクシーの運転手さんにお願いして、道中、実家に立ち寄ってもらい、母を抱き抱えて家の中に入ってもらいました。すると、それまで一切の語りかけに無反応だった母が、突然覚醒《かくせい》し、顔をくしゃくしゃにして「えーん」と泣き始めたのです。

私は感動し、思わずもらい泣きしていました。

「お母さん、わかった？　家よ。家に帰って来たんよ！　よかったねえ。ずっと帰りたいって言いよったもんねえ」

映画でそのシーンを見た方も、口々に「お母さん、少しでも家に帰れてよかったですねえ」と涙してくださいます。だから、父も同じように考えているだろうと、疑いもしませんでした。

でも、映画を見終わった後、父は言ったのです。

「おっ母が、家に帰った時に大泣きしたろう。**わしゃあの時、運転手さんを通せんぼしてでも『もう新しい病院には連れて行かんでください。このままここにおらしてやってください』言うて頼めばよかった。それが今でも心残りなんじゃ。おっ母は『もうどこにも行きとうない、この家におりたい』思うて泣いたんじゃけんのう**」

ビックリしました。父は母の涙を、そんなふうに捉えていたのか……。

「母に親孝行ができた」と勝手に自己満足に浸っていた自分が恥ずかしくなりました。

父の家族への愛は、何倍も強いんだ……。妻の涙に共鳴して心を痛め、でも娘に負担をかけたくないと私にも気を遣って、一人でずっと苦しんでいたんだ……。

今も父は、仏壇の前に座るたび、ブツブツと母に語りかけています。

「最後、家におらしてやれんで、ごめんね。わしの力足らずで、かわいそうなことをしたのう」

私は、そのたびに罪悪感で胸がギュッとしめつけられます。

私こそごめんね。お父さん、お母さん。

9 「おっ母には最後まで希望を持たしてやろう」

母の具合が一気に悪くなったのは、2020年の春でした。そして6月14日、91歳で永眠しました。コロナ禍が影響したのではないか……。私はそう思っています。

胃瘻を造ってまだ1年でした。胃瘻にすれば3年も4年も生きる人が多い中、なぜ1年で旅立ったのか。二通りの考え方ができるように思います。

ひとつは、母は自分の意志で、この時期を旅立ちに選んだのではないかという考え方。

2020年2月末に新型コロナウイルスが一気に蔓延《まんえん》し、それまで上映会や講演会で全国を飛び回っていた私も、すべての予定がキャンセルになりスケジュールは白紙に。ならば県またぎの移動が制限されないうちにと、実家のある広島県呉市に急ぎ帰ったのが、3月初めのことです。

すぐ病院に行き、母に現状を伝えました。

「あのね、お母さん。世界中で変な疫病《えきびょう》が流行ってきたんよ。じゃけん私、いったん東京を引き上げて呉に帰ってきたわ。これからはずっと呉におるけん、安心してね」

母はそれを聞いて、思ったのではないでしょうか。

「お父さんを一人置いて行くのがずっと心残りじゃったけど、直子が呉におってくれるんなら、私がおらんようになっても、お父さんは寂しゅうないね。それに今なら、直子の仕事にも迷惑をかけずに済みそうじゃ。今が私の旅立つタイミングじゃろう」

家族思いの母ですから、こんなふうに考えても不思議はないと思うんです。

でも実際は、もうひとつの考え方の方が現実的だとわかっています。それは……。

母が脳梗塞で入院してから1年半、父は一日も欠かさず、母の元に通って励ましてきました。しかし、2020年3月15日から、コロナ対策のため病院が面会禁止に。母は突然、父に会えなくなったのです。

前日の14日には、父と私で最後の面会に行き、「明日からはしばらく会えんのよ」と念押ししましたが、母は認知症のせいで覚えていられなかったはず。きっと「何でお父さんは来んようになったんじゃろうか」と毎日考えたと思うんです。「具合が悪うなったんじゃろうか？ それとも私のことを忘れてしもうたんじゃろうか？」と。

面会禁止は2か月半に及びましたから、その間母は、ずっと父のことを案じていたはずです。そして遂には諦めたんじゃないでしょうか。「こうに長い間来んのなら、お父さんはもう、おらんようになったんじゃろう」と。そして自分自身も生きる気力をなくしたのではないかと思うのです。

母が危篤状態に陥ったのは、6月1日のことでした。

この日はちょうど、5月末の緊急事態解除宣言を受けて、病院での面会が再開された日でした。私たちは午後2時から15分間、2か月半ぶりに母と面会できることになっていました。

久しぶりに母に会うからと、父は朝からお風呂に入ったり、髪を何度も梳《と》か

©映画『ぼけますから、よろしくお願いします。〜おかえり お母さん〜』

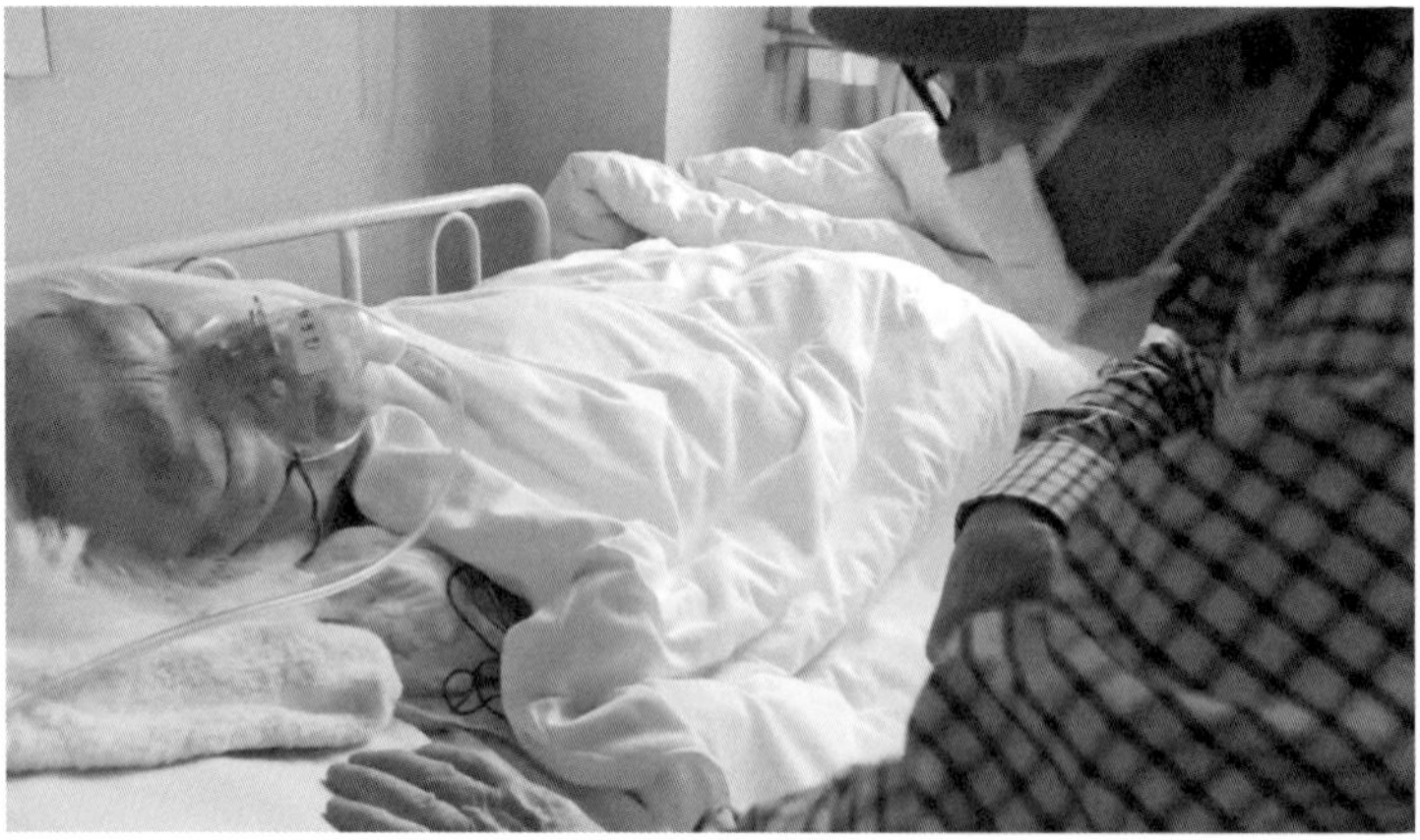

したりとそわそわ。ほほえましく見ていると、11時頃、病院から電話がかかってきたのです。

「お母さんの呼吸が弱くなっとられます。面会時間まで待たんでもいいので、今すぐ来てください」

言葉を変えれば、母は危篤になるのを、私たちが面会できる日まで待っていてくれたのです。これが前日だったら、面会できないまま永遠にお別れだったかも……と思うと、母の執念とも思える頑張りに圧倒されました。

そして、慌てて駆けつけた病院では、さらなる奇跡が……。

父が2か月半ぶりに、

「おっ母、わしじゃ。わかるか？」

と声をかけると、それまで弱々しかった母の心電図の波形が、再び大きく力強く、波打ち始めたのです。

「ありゃあ、お父さんが来たら、お母さん急に元気になっちゃったが！」

看護師さんも思わず歓声を上げたほどの、奇跡の復活でした。

それ以降は、毎日短時間ではありましたが面会が許されたので、父と私は連日、母の元に通いました。すると危篤だった母は、毎日父の声が聞けるからでしょう、その後13日間も頑張ってくれたのです。

その13日間、私が心がけたのは「母は楽しいことが好きな人だから、母との笑える思い出を思いつく限り話そう」ということ。なので母の病室は、私が笑い話を披露し、父と私の笑い声が響くという、少し不謹慎な空間になりました。

母はその中にいて、もう反応はなく目もつぶったままでしたが、

「お母さん、この話覚えとる？」

と聞くといつもギューッと手を握ってくれたので、「ああ、お母さんも懐かしいんじゃね。きっと心の中では大笑いしよるね」と胸があつくなったもので

す。

そうやって、家族三人で信友家の60年の歴史を一緒に追体験した13日間は、私にとって何物にも代えがたい、宝物のような日々となりました。

それでは父にとってはどんな13日間だったのでしょう？　父はその間、母に未来への希望しか語りませんでした。母にずっと、あれをしよう、これをしようと夢のようなことばかり言い続けたのです。たとえば、

「わしゃ11月に100になるけん、呉市が祝いをくれると思うんよ。もろうたらすぐ、あんたに見せにくるけんの。楽しみに待っとれよ」

そして、

「祝い金で何するかの？　何かうまいもんでも食おうや。わしゃハンバーグが食いたいんじゃ。あんたも好きじゃろ、あつあつハンバーグ」

二人とも大好きなファミレスのハンバーグデートに誘うのでした。

私は、もう口から物が食べられない母にかなわぬ希望を抱かせるのは酷な気もして、

「お父さんも、そんな夢みたいなことばっかり言わんと、今のうちにお母さん

に伝えたいことは伝えとった方がええよ」

と言うと、

「おっ母はこの2か月半、わしらに会えずに寂しい思いをしとるけんのう。このまま一人で死ぬんか思うて、えらい心細かったに違いないわ。せっかくまた会えるようになったんじゃ、おっ母には最後まで希望を持たしてやろうや。今わしが改まった挨拶なんかしたら、おっ母に『ああ、私はもうダメなんかね。死ぬんかね』と思わすことになるじゃろ。そうなこと、わしゃかわいそうでよう言わん。それよりどうせなら、おっ母が前向きになるような言葉をかけてやりたい」

そう、父は母の心のうちを最後まで思いやっていたんです。そのあたりが「母と最後に素敵な時間を持ちたい」と、結局は我が身かわいさが先に立つ私には想像もつかない、真のやさしさなんだと思います。

でも今思い返すと、あの13日間の父はきっと、自分にも言い聞かせていたのではないでしょうか。「最後まで希望を持とう」と。半年も先の自分の誕生日の話をすることで、何とか母がその日まで生きてくれないかと、祈るような気持ちだったのだと思います。いや、もしかしたら「おっ母はわしの100歳の誕生日を一緒に祝うてくれる」と、半ば本気で信じていたのかもしれません。

本当に、父は最後の最後まで、母の生命力を信じ、諦めていなかったのです。

10 「あの世でも仲良う暮らそうや」

2020年6月13日。遂に母とのお別れの日がやってきました。

いつものように父と病院に行くと、お医者さまから、

「今までは短時間の面会でしたが、今日は夜までおってあげてください」

そう言われて、覚悟しなければいけないと悟ったのでした。

父も言葉の意味を察したようで、この日ばかりは二人とも口数少なく、母の枕元に寄り添って夜を迎えました。

そして夜9時半。父が突然、椅子からすっくと立ち上がって母の手を取り、

「おっ母、わしと一緒になってくれてありがとうね。あんたが嫁に来てくれて、わしはほんまに幸せな、ええ人生じゃった」

絞り出すように言ったのです。

息を呑みました。あんなに「わしは改まった挨拶はせん」と言っていた父が、母に最期の挨拶をしている！

「間に合ってよかった」最初に思ったのはそれでした。母がおそらく一番聞きたかった言葉を、父は今、口にしたのですから。でも母はちゃんとわかっただろうか？ 意識はあるのだろうか？

「お母さん、聞こえた？ 今お父さんが、すごいこと言うてくれたよ！」

その瞬間でした。青白い母の顔の、閉じたままの瞼《まぶた》から、スーッと一筋の涙が流れたのです。

ああ、お母さん、聞こえたんじゃね。大好きなお父さんにこんなに素敵な言葉をかけてもらって旅立てるなんて、お母さんはほんまに幸せ者じゃねえ。私はいつしか多幸感に包まれていました。

それまでは、娘として「行かないで、お母さん」と悲しい気持ちに沈んでいた私。でもその瞬間、自分の悲しみなんてささいなことに思えたのです。私が生まれるもっと前に、自分たちの意志で絆を結んだ二人が、今こうやって別れていこうとしている。その奇跡に立ち会わせてもらっている尊さと喜びに、心が震えました。

しかも父にとっては、このお別れは「しばしの別れ」のようなのです。

「わしもすぐ行くけん、あんたは先に行って待っとってね。わしが行ったら、あの世の入り口で手を振ってくれや。そしたらわし、あんたを目がけて行くけん。あの世でもまた一緒になって、仲良う暮らそうや」

そうか、60年連れ添った父と母にとっては、これは永遠のお別れなんかじゃなくて、近いうちに再び会うことを約束しての、ひとまずのお別れなんだ……。

そう思ったら、今まで恐ろしいと感じていた死が、それほど忌《い》み嫌わなくても

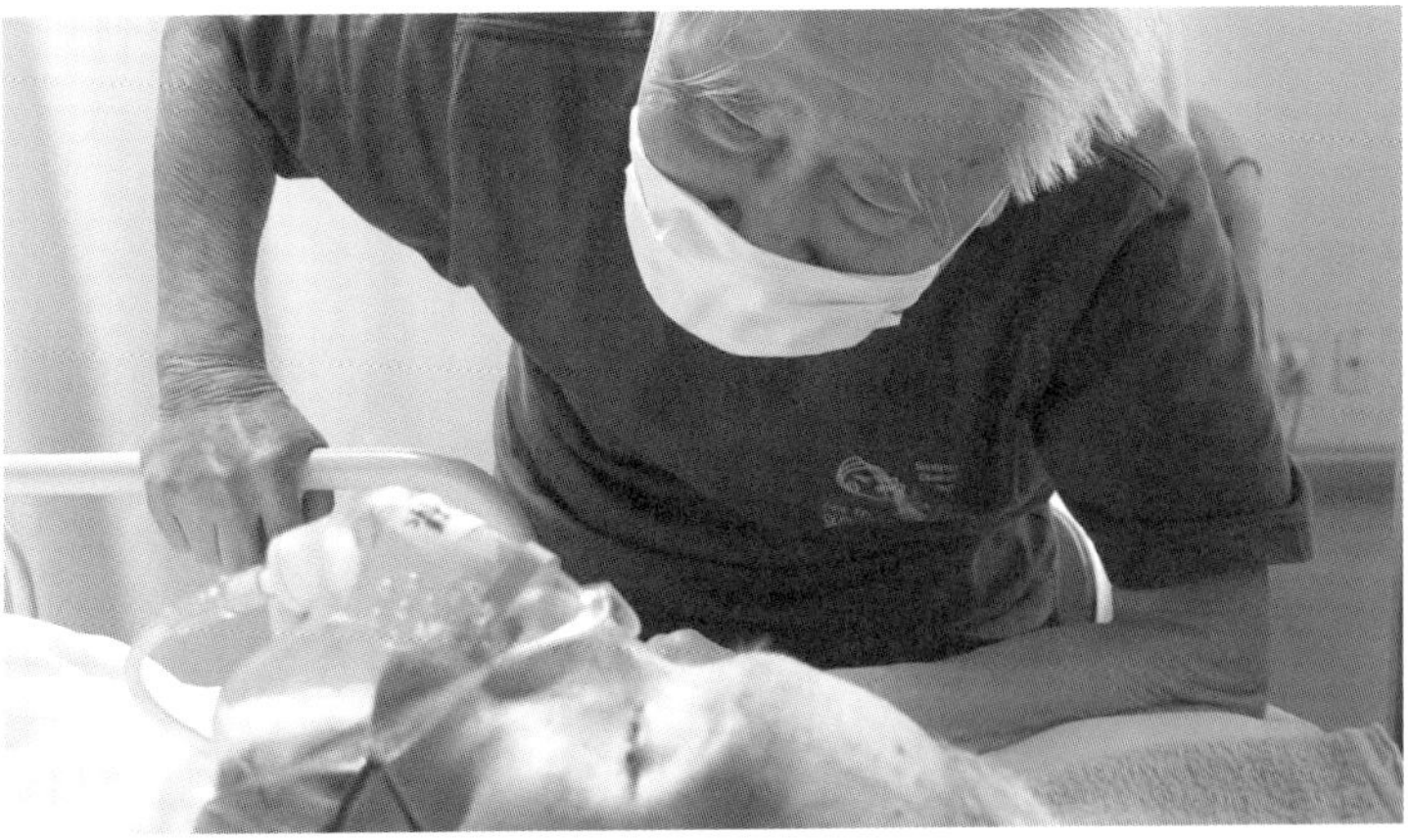

© 映画『ぼけますから、よろしくお願いします。〜おかえり お母さん〜』

いいもののように思えてきました。母は死んで無になってしまうわけではなく、自分の命を生き切ったから、先に穏やかな境地に向かおうとしているだけ。私も自分の生を全うすれば、いずれまたそこで母に会える。私があの世に行った時には、きっと父と母が入り口で「こっちこっち」と手招きしてくれるはず。再会できた瞬間はものすごく嬉しいだろうなあ。……そんなふうに想像したら、なんだか少し楽しみにすら、なってきたのです。

父の言葉で私も救われましたが、母にとっても、これから向かう死への旅の恐怖をやわらげてくれる、魔法の言葉だったのではないかと思います。頼りにしている大好きな夫から「**すぐに追いかける、大丈夫だ、あんたが今から行く世界には、わしも後からちゃんと行くから、怖がらんでもいいよ**」と励ましてもらえることほど、心強いことがあるでしょうか。

つくづく思います。父の世代の男性で、こんな時、妻にちゃんと「**ありがとう**」「**あんたのおかげで幸せだった**」「**あの世でも一緒になろうね**」と声をかけられる人がどれほどいるだろうと。「そんなこと、言わなくたって、長年連れ添っているんだからわかるだろう」とばかりに、肝心なことを口にしない夫はけっこう多いはずです。

父だって大正生まれですから、妻への愛の告白みたいな言葉を口にするのは恥ずかしくて抵抗があったはず。でもやっぱり、言わないと伝わらないかもしれないし、阿吽《あうん》の呼吸で伝わっていたとしても、実際に口に出して言ってもらえると、言われた方の気持ちも全然違うはず。大きな喜びや安心になり、自己肯定感につながるのです。父はそれがわかっていたからこそ、母のために勇気を出したのではないでしょうか。

結婚して60年、父を支えることを生き甲斐にしてきた母。最後の数年は、逆に父に面倒をかけることになって、自信喪失していたかもしれません。でも、こうやって父から最大級の感謝の言葉をもらえたことで、

「お父さんは、私が最後いっぱい迷惑かけたのに、それでもやっぱり私と結婚してよかったと言うてくれた。バンザイ！」

それこそ「天にも昇る心地で」実際に天に昇って行ったのではないでしょうか。

母は6月14日の明け方、息を引き取りました。本当に安らかな、幸せそうな

顔だったのは、父が最後まで貫いた母ファーストの姿勢の賜物《たまもの》だと思います。

母との二人暮らしの中で、父が紡《つむ》ぎ出してきた心に沁《し》みる言葉たち。おまけにひとつ、母の葬儀の際に父が口にした名言？を、ご紹介しましょう。

葬儀が始まる前に父が棺《ひつぎ》の中の母を長いこと見つめていたので、また何かいいことを言うのかな？と思ったら、

「ここでおっ母が生き返ったら、みんなたまげるじゃろうの」

へへッといたずらっぽく笑ったのです。

その瞬間、父に、冗談好きな母が乗り移ったのかと思いました。私が乳がんで闘病していた時の、母の放った強烈な冗談にそっくりだったので。

当時、乳房の切除手術を受け止めきれなくてめそめそしていた私に、

「お母さんの垂れたボインでよかったら、いくらでもあげるんじゃけどねえ。あんた、こうなものはいらんじゃろ？」

おどけて自分の胸を突き出し、無理やり笑わせてくれた母。

同じように、悲しみの最中《さなか》にあっても、娘の私を思いやり、私の気持ちを和《なご》

ませようと、父は捨て身の冗談を言ってくれているのです。

ああ、お父さんはこんな時でも、家族を守ろうとするいい男なんだな……。この父と母の元に生まれたありがたさを、しみじみかみしめた私でした。

信友良則＆直子　父娘対談

98歳で始めたわしの筋トレは今も続いとる

認知症の母と、介護する父。
母が亡くなり、一人になった父。
そんな家族のありのままの姿を、
私はカメラに収め続けました。

父はいつも優しく前向きでしたが、
本当は何を思っていたのでしょう？
2年前、101歳だった父と、
初の父娘対談を行いました。

直子　お母さんが認知症になった時はビックリしたね。あのしっかりしとったお母さんがと思うと、なかなか認められなかった。お父さんはどうだった？

良則　わしは「これも運命よ」と思うたかのう。年をとりゃあ今まで通りにはいかんわけで、わしより先におっ母の具合が悪うなっただけのこと。今までおっ母にはさんざん世話してもろうたけん、今度はわしが恩返しする番じゃと素直に思うた。

直子　お父さんがうろたえた様子もなく動じなかったから、すごいなと思ったし頼りになったわ。

良則　わしらは戦争も経験したし、食糧難で飢え死にしそうな目にも遭うとるけん、たいがいのことには驚かんのよ。おっ母の面倒をみるくらい大したことじゃないわい。

直子　私がお母さんのことを撮影していたのは気にならなかった？

良則　あんたはそれまでもわしらを撮りよったけんの。おっ母も芸術が好きじゃったけん、直子と一緒にもの作りをしよるような気がして、嬉しかったんじゃないかの。

直子　お母さんが認知症でおかしな言動をする映像を、世間に公表されることに抵抗はなかった？

良則　わしゃあ何とも思わんかった。おっ母の人柄が悪いんじゃのうて、病気なんじゃけん恥ずかしいことはないわい。それに、直子ならわしらを悪いようにはせんじゃろう、と信用しとったしの。

直子　お父さんもお母さんも無邪気に信用してるから、こっちのプレッシャーはすごかったけどね（笑）。

良則　おっ母はあんたによう悩みを打ち明けよったのう。

直子　お母さんが「何でこんなにおかしくなったんだろう？　あんたたちに迷惑かけるね。どうしたらいいんかね」と悩む姿を見るのが一番辛かったわ。それまでは認知症になった人は何もわからなくなるのかと思ってたけど、本人が一番辛いんだなあと思って。

「死にたいなら死ね！」

良則　わしゃ耳が遠いけん、おっ母の言うことが聞こえんのよ。じゃけんあんまり、辛い思いをした覚えはないのう。まあ、わしはもともと安気《あんき》（広島弁で「お気楽」の意味）な性分でもあるんじゃが。

直子　でも、お母さんが「迷惑かけるけん死にたい！」とわめき続けた時は、お父さんもたまりかねて「そんなに死にたいなら死ね！」って怒鳴ってたじゃない。

良則　あの時はあんたが通訳してくれたけん、おっ母が何言いよるかわかったけんの。介護の人らもみな良うしてくれるのに、何で感謝の心が持てんのか、思うて怒ったんじゃ。昔は二言目には感謝の言葉が出る謙虚な女じゃったけんのう。

直子　お父さんに「死ね」って言われてお母さんが自暴自棄にならないかヒヤヒヤしたけど、「悪かったねえ」とシュンとしてお父さんのご機嫌とり始めたもんね。背中掻いてあげたりして。それまでは私、認知症の人に怒鳴るのは絶対NGだと思ってたけど、お母さんのためを思う強い気持ちがあれば伝わるんだと、お父さんから教えられました。

良則　まあ「死ぬ」「死ぬ」言うて大騒ぎするヤツにホンマに死ぬヤツはおらんけんの（笑）。

直子　お父さんとお母さんは昔から仲が良かったよね。喧嘩してるところ見たことがないもん。

良則　わしがおっ母の言うことを「ハイ、ハイ」とよう聞きよったけんの（笑）。わしは元来ええ加減な男で、大した人間じゃあない。そう思うたら、偉そうにすることもないじゃろ。自分を過大評価するけん、余計な争いごとが生まれるんよ。
直子　そう言われたら、お母さんはお父さんの掌《てのひら》の上で転がされてたように聞こえるけど？
良則　いやあ、おっ母はわしには過ぎた女房じゃ思うとるよ。真面目で嘘のない女じゃったけん、わしはホンマに信用しとったんじゃ（泣き出す）。いや、これは涙じゃあないんよ。年をとって涙腺が詰まるけん、何もせんのに涙が出ることがあるんじゃ。
直子　……まあ、そういうことにしとこうか（笑）。お父さんはお母さんのどういうところが好きだったの？
良則　よう冗談言うて笑わしよったろう。ありゃ後から考えたらみな大した話じゃないんよ。おっ母は何でもないことをおもしろおかしゅうに話す名人じゃったけんの。わしゃおっ母と話しよるだけで毎日が楽しかったわい（また泣く）。
直子　お母さんが言ってたけど、二人でコーヒー飲みながら何時間も話してたんだってね。昼ごはんの後もお父さんの淹れたコーヒー飲んで喋って、気づいたら晩ごはん……みたいに二人で一日中食卓にいた日もあるって。どんな話してたの？
良則　直子の話が多かったかの。

直子　え？　私の？

良則　直子の小さい頃の思い出を話して笑うんよ。赤ちゃんの頃におしめを替えてやったら、おしめの端をつかんで「くちゃい、くちゃい」と鼻をつまんで洗濯場に持って行きよった、とか。「直子は今頃どうしよるかねえ」とおっ母はいつもあんたを心配しよったで。

直子　お母さんが元気な頃は、お正月くらいしか実家に帰らなかったもんね。もっとたくさん帰ってあげればよかったなあ……。

おっ母の笑顔に救われた

良則　わしはおっ母に救われたところがあるんじゃ。戦後の昭和20年代は、わしの一番さえん時代でのう。かなり破れかぶれな気持ちで過ごしよったんよ。

直子　戦争が終わってやっと平和になったのに？

良則　戦争の前と後で、みな人格がコロッと変わってしもうたけんの。誰も信じられんようになってしもうたんじゃ。太平洋戦争で、お国のためにと信じ込まされて同級生がようけ死んだ。

無二の親友も戦艦と共に沈んだんよ。わしよりようできた人間が次々死んだのに、自分が生きとることが申し訳なかった。なのに昨日まで「天皇陛下万歳」を唱えよった偉いヤツらが、掌を返したように拝金主義に走る。わしはどうしてもそれが許せんでのう。

直子　お父さんらしい正義感じゃね。

良則　何もかも嫌になって、世を拗《す》ねたような生活をしての。大して食べもせずに煙草ばっかり吸うけん、不健康でガリガリじゃった。「まあええわ、どうせ長生きしてもしょうがない」と思いよった。今思うたら、やさぐれた生活よのう。

直子　呉でそんな生活してたら、やくざに勧誘されるよ（笑）。

良則　米屋の組合に就職したけん道は踏み外さずにすんだがの（笑）。別に結婚する気もなかったんじゃが、数え年で40になる頃に親戚が心配して縁談を持ってきての。それがおっ母じゃったんじゃ。

直子　そこから人生観が変わったの？

良則　見合いの席で、おっ母はずっとニコニコ笑いよっての。楽しげな人じゃのう、思うて見よったら、「私、あなたを知っとるわ」と言われてビックリよ。どうやらわしらは通勤の途中で毎朝すれ違いよったらしい。わしは全然気がつかんかったが、おっ母は女友達と一緒に通勤しよって、わしを見て二人でキャアキャア言いよったらしいわ。

直子　お父さんは昔の写真を見たらイケメンだもんね。じゃあお母さんの憧れの人だったわけだ？

良則　まあそういうことじゃの。気がついたらもう嫁に来ることが決まっとったけん、おっ母が前のめりじゃったんじゃろう（笑）。

直子　その頃からお母さんは明るくて前向きな性格だったんでしょう？

良則　ほうよ。いつもケラケラ笑うての。最初は何がおかしいんかと思いよったが、そのうちおっ母につられてわしも笑うようになった。わしを立ち直らせてくれたのは、まぎれもなくおっ母じゃけん、ホンマに感謝しとるんよ。

父が本を読み聞かせる

直子　お母さんは料理上手だったし、手先も器用で、お父さんの服は全部お母さんの手作りだったね。

良則　新婚の頃は貧乏でのう。背広を買う金がないけん、わしは親戚のお下がりのブカブカの上着を着とった。そしたらおっ母がわしの体に合わせて仕立て直してくれてのう。嬉しかったわい。食事もおっ母が家計をやりくりして作る料理がおいしゅうて、どんどん肥えて健康体になった（笑）。

直子　お父さんが１００歳を超えても健康でいられるのは、お母さんが長年、体にいい料理を食べさせてくれたからだと思うよ。

良則　あんたが生まれたのも大きかったんよ。あれほど先の希望が持てんかったのに、この子のために生きようと思うようになったけんの。

直子　直子という名前の由来は何なの？

良則　正直者になってほしいという願いを込めてじゃ。人を陥れたり嘘を言うたりせん、まっすぐな人間になってほしいと思うて。

直子　なるほど、戦後に豹変した不正直な人たちへの恨みが反映された名前だったわけか（笑）。

良則　わしもおっ母も晩婚じゃったけん、子供ができるか期待もしとらんかったが、生まれてみたら可愛ゆうてのう。わしはあれだけプカプカ吸いよった煙草をキッパリやめて、あんたの顔見たさに会社からまっすぐ家に帰るようになった。

直子　私、お父さんが帰るのを待ちかねて、「本読んで〜」って催促してたんでしょ？　お母さんが撮った写真が

残ってるもんね。

良則　ほうよ。あんたがまだ2歳ぐらいの頃じゃったかの。わしが服も着替えんうちから、本を持ってきて「読んで、読んで」とまとわりついてくるんよ。わしの膝の上にちょこんと座って、真剣な顔で文字を追うての。この子は本を読むのが好きなんじゃ思うて、あんたが小学校に上がる時に岩波書店の少年少女向けの本をようけ買うたわい。

直子　ドリトル先生のシリーズや、メアリー・ポピンズのシリーズ、ケストナーの『飛ぶ教室』に『ふたりのロッテ』。どれも夢中になって読んだなあ。あの時代にしてはお洒落なチョイスだったよね。

東大に合格して嬉しかった

良則　わしゃもともと欧米の文学が好

きでの。ホンマは旧制三高《さんこう》（第三高等学校）から京大の文学部に行って研究者になりたかったんじゃ。でも戦前は、英語は敵性語じゃろ？　そんな希望が通る時代じゃなかった。陸軍に召集されてからは勉強どころじゃなかったし。じゃけんあんたには、小さい頃から欧米の良本に触れさせてやりたかったんじゃ。

直子　私、お父さんがお休みの日に三高の寮歌のレコードをかけて、大声で歌ってたから、意味もわからないままま歌詞を覚えてしまったわ。

良則&直子　♪紅《くれない》萌ゆる丘の花　早《さ》緑《みどり》匂う岸の色　都の花に嘯《うそぶ》けば　月こそかかれ吉田山〜

良則　わしの一番の愛唱歌じゃ。

直子　幼稚園に行き始めて、みんなの前で歌ったら誰も知らなくて。ウチはちょっと変わったウチなのかも、と最初に思った経験だったなあ。

良則　わしは若い頃にやりたいことができんかったのが無念でのう。じゃけんあんたには、やりたいことをやれ、と唯一それを教えてきたつもりじゃ。わしのような無念な思いをさせとうなかったけんの。

直子　私の年代で、呉から東京の大学に進学した女子はほとんどいなかったもんね。親元から通える大学に行くのが普通だったから。でも私は東京の大学しか受験しなかった。お父さんのマインドコントロールだったような気もするわ。

良則　わしは、あんたがやりたいことを自由にやってほしいと思うとっただけじゃがのう。

直子　小さい頃からお父さんに、行きたい学校に行けなかった無念を聞かされてたから、じゃあ私が代わりに進学して、お父さんの無念を晴らしてあげる、みたいな心理状態になっていたと思うもん。

良則　まあ、あんたが東大に合格した日が、わしの人生で一番嬉しい日じゃったのは違いないが（笑）。

新聞3紙を読み比べ

直子　もうひとつウチには独特の勉強法があったね。テレビやラジオで語学を楽しみながら学んできたこと。お父さんが昔からラジオで外国語講座を聞いてたから、私も自然と英語講座を聞くようになった。外国で暮らしてないのに発音がいいね、とほめてもらえるのは、お父さんのおかげです。

良則　子供の頃は「セサミストリート」も見たろ？　あれはかわいらしい人形が出てくるけん、あんたも好きになるじゃろう思うて。

直子　そうそう。アーニーとかビッグバードとかね。大好きだった。今思うと不思議だけど、英語放送で字幕もなかったのに、見てるうちに意味がわかってきたのよね。幼児向けの番組だから言い回しは簡単で楽しいし、あれで英語がだいぶわかるようになった。今はもう地上波で放送してないのがとても残念。でもお父さんは何で私に「セサミストリート」を見せようと思ったの？

良則　英語さえ喋れたら、世界中の人とコミュニケーションが取れるけんの。これからは日本にとどまらず世界に出て行く時代になるけん、英語は大切じゃと思うとった。

直子　お父さんの、そうやって時代を読む感覚はすごいね。呉を出たこともないのに、どうやって養ったのかしら？

良則　昔から新聞を読み比べしよるけんかのう。

直子　お父さんは１０１歳の今も新聞を３紙読んでるもんね。全国紙の朝日と読売、そして地元紙の中国新聞。同じことでも新聞によって取り上げ方が違うから、ものの見方が偏らないようにいろんな意見を読んで、何が正しいか自分で考えなさいと小さい頃から教えられてきた。それに、私には小学生新聞をとってくれてたよね。毎朝一丁《いっちょ》前《まえ》に読んでから登校してた。

良則　わしゃあんたは新聞記者に向いとるかと、思うとったんじゃ。そうはならんかったがの（笑）。

直子　でもそうやって社会的、客観的な視点を持つことを教わったのは、ドキュメンタリー制作にもすごく役立ってると思う。それにしてもお父さんは、お母さんが元気な頃は家事を何もしてなかったのに、今じゃ一人で何でもできるから驚くわ。どうしてできるの？

良則　陸軍におった間は、掃除も洗濯も裁縫も、身の回りのことは全部自分でやったけんの。トロトロしよったら上官に殴られるけん、必死で覚えたんよ。軍の飯炊きもしたけん、ある程度煮炊きもできるしの。わしらの年代はみな兵隊に行っとるけんできるんじゃないかの。

直子　なるほど。お母さんに主婦のプライドがあったから、お父さんに何もやらせなかっただけなのね。お母さんが認知症になってから、掃除機をかけてるお父さんに「私が役に立たんようになってごめんね」と言った時、お父さんが何て返事したか覚えてる？

良則　もう忘れたのう。

直子　「信友家は1軒しかないんじゃ

けん、誰が掃除しても一緒よ。今まで長い間あんたがしたんじゃけん、今度はわしがする番じゃ」って言ったのよ。私感動したなあ。

良則　そうなこと言うたか。

「わしの恋女房じゃけん」

直子　ああ言われたら認知症の人は本当に気が楽になると思う。それに何気なく今までの感謝を伝えてるから、長年家事を頑張ってきたお母さんとしたら嬉しかったと思うわ。

良則　じゃがおっ母は「そしたら掃除当番はお父さんね。洗濯当番もお父さんね」と途中から当然のような顔をしとったで。まあおっ母らしい軽口じゃろうが（笑）。

直子　お父さんはお母さんの介護をしてても「してあげてるオーラ」を出さないからすごいのよ。お母さんが脳梗塞になってからも、病院に毎日面会に行くなんて大変だったろうと思うのに、お母さんの前では疲れた顔を全く見せなかったもんね。「早う良うなって家に帰ろうや」と手を握って何時間も励まして。

良則　そりゃあわしの恋女房じゃけんのう（笑）。おっ母が家に帰りたがったけん、わしのできることは何でもしてやろうと思うて。
直子　それで筋トレまで始めたもんね。もしお母さんが退院できたら半身不随のお母さんを支えるのに筋力が要るからって。あの時もう98歳でしょう？
良則　ほうじゃの。ホンマは最期は家で看取ってやりたかったんじゃがのう。
直子　途中から寝たきりになってしまったから仕方ないよね。
良則　まあ結局おっ母は退院できんまじゃったが、わしの筋トレは今も続いとるよ。
直子　この間、お父さんが筋トレしているクリニックに行ったら、70代の人に「101歳で頑張るお父さんを見たら励みになるわ。私なんかが年じゃ言われんもんね」と感謝されたよ。お父さんも人の役に立ってるなあと思って嬉しかった。

父が語る男の美学

良則　昔ながらの段差がある家に暮らしよるのも、老け込まんためにはええんじゃろうの。玄関を「よいしょ」と上がったり、風呂釜をまたいで深い風呂に入ったりするけん。
直子　ベッドじゃなく布団派で、朝晩布団を敷いたり上げたりしているのも、足腰の運動になるよね。

良則　わしゃ自分で自分のことができる間はしようと思うとるんじゃ。男の美学じゃけんの。でもできんようになったら人に甘えてもええんかの、と思うようになった。「社会参加」いう言葉があるじゃろ？　年寄りにとっての社会参加は、社会に甘えることじゃないかと思うんじゃ。かわいらしい年寄りになって、何かしてもろうたら「ありがとね」と気軽に礼を言おうか思うて。

直子　お父さんのかわいらしさが映画で広まったから、助けてくれる人は絶対増えたと思うよ。でも私もこの先少しずつ、呉で過ごす時間を増やそうかなと思ってるけど。

良則　わしはまだまだ元気じゃけん、あんたは東京でやりたい仕事をやってもええんで。

直子　まあ私ももう還暦だからねえ。お母さんの代わりは務まらないと思うけど、コーヒー飲みながらのお喋り相手になりましょう。

良則　ありがとね（笑）。わしゃどこも悪いところがないけん、１２０歳まで生きるかもしれんで。

直子　そりゃあ頼もしいね。あ、でもその時私はもう80歳か。じゃあ後期高齢者どうし、仲良くこの家で暮らしましょうかね（笑）。

第2章

ひとり暮らしの言葉

1 「これはお母さんのおかげなんよ」

母が旅立って、99歳の父は一人になってしまいました。2020年6月、新型コロナ感染症で世間が大騒ぎだった頃です。

私は父が心配でした。あんなに母を愛していたのに、喪失感の大きさはいかばかりか、容易に想像できたからです。妻が亡くなると夫が後を追うように亡くなるという話もよく耳にします。父もガックリ来て、生きる気力をなくしてしまうのではないか。そう思うと気が気ではありませんでした。

実際、しばらくはボーッと物思いに沈むことも多かった父。私を呼ぼうとしてつい、

「お母さん」

と口にすることもあり、胸がしめつけられました。そんな時はどう反応した

らいいかわからず、気づかないふりをするので精一杯でした。

父の気をまぎらわそうと、おもしろくもない冗談を言っては笑わせようともしました。今思い返せば、私の態度の方が痛々しかったかもしれません。でも私は私なりに、母から「お父さんを頼んだよ」と託されたように感じて必死だったのです。

　最も心がけたのは、食卓に父の好物を並べることでした。ちょうど瀬戸内名物の小イワシ漁が解禁になった季節だったので、青魚の刺身に目がない父のために大量に買い求め、1尾ずつ骨を取り除き、何度も水洗いして臭みを抜く……そんな手間のかかる作業を、毎日していた記憶があります。

（私自身、こういう面倒な作業に没頭して心を無にすることで、母を喪《うしな》った悲しみから意図的に目を逸《そ》らしていたようにも思います）

小イワシパワーのおかげもあってか、父は食欲を落とすことなく、夏を乗り切ってくれました。少しずつ笑顔も増えてきました。そしてその年の11月、めでたく100歳の誕生日を迎えたのです。

この頃、気づくと父はご近所の人気者になっていました。父が手押し車を押しながらひょこひょこ歩いていると、あちこちから声がかかるのです。

「お父さん、どうしよる？　元気？」

そして父も、朗《ほが》らかに答えます。

「おう、元気にしよるよ。ありがとね」

昔の内気でおとなしい父からは考えられない社交的な姿に、私は目を見張りました。

そして更に驚くことに、私がいない時には、父はご近所さんからおかずをいただくことも多いと言うのです。

「今日は娘さんがおらんのなら、食事に困るでしょうと言われての。『ウチでおでんを作ったけん持って行きんさい』言うて、この間もうまいおでんをもろうたわ」

ははあ、映画で有名人になったからだな。私はそう思いました。認知症の母を父が介護する様子を描いた私の映画『ぼけますから、よろしくお願いします。』が予想を上回る大ヒットになり、地元・呉の映画館でもロングラン上映されたおかげで、父は「お父さんカッコイイ」などと言われてチヤホヤされるようになったのです。

しかし父は、

「**いや、これはお母さんのおかげなんよ**」

と言います。

「どういうこと?」

と聞くと、

「**おっ母がずっと、近所の人にようしてきたけんの。じゃけん**

「わしが今、近所の人にようしてもらえるんじゃ」

その瞬間、元気だった頃の母の笑顔が鮮やかに蘇ってきて、泣きそうになりました。

そう言えば母は昔から、ご近所さんの「悩み相談」を一手に引き受けていた人でした。ウチにはいろんな人が「信友さん聞いてぇや」とやって来ては、悩みを打ち明けていました。それを母はニコニコと辛抱強く聞き、時には「こう考えたら楽になるんじゃないの？」と助言していたのです。いわゆる「聞き上手」だったんですね。そのうえ口が堅ぃので、みなさん安心して悩みを吐き出し、「あー聞いてもろうてスッキリしたわ。ありがとねぇ」と晴れ晴れした顔で帰っていたのです。

父いわく、そんな時いつも、母のかたわらには父が、助手のように控えていたのだそうです。当時から父の唯一の得意技だった「コーヒーを豆から挽いて淹れる」を実践してもてなし、打ち明け話が白熱して長引けば「おかわりいらんかね？」と気前よくふるまっていたのだとか。そしてそんな我が家をご近所さんたちは、親しみを込めて「信友喫茶室」と呼んでいたそうです。

「わしが定年退職してから家にばっかりおるけん、おっ母はわしのことも心配したんじゃろう。おっ母を訪ねてくる友達の輪に、わしを入れてくれてのう。じゃけんわしも近所の人らと、自然と仲良うなったんよ。**今思うたらおっ母は、自分がおらんようになってもわしが困らんように、考えてくれたんかもしれんのう**」

母亡き後に、父からこんなほっこりしたエピソードが聞けるとは、思ってもみませんでした。母はこうして、亡くなってからも父の暮らしを支え、父の中に今も生きているんですね。

父とのコーヒータイム

一日のうち一番幸せな時間。それは父と食卓でコーヒーを飲むひとときだ。大した話をするわけではない。父が豆を挽き丁寧に淹れたコーヒーを、二人でゆっくりと味わうのだ。

これは何十年も続く信友家の習慣。昔はここに亡き母も加わって、親子三人のコーヒータイムだった。

若い頃はこの時間を「無駄な時間」だと思っていた。こんなところで悠長《ゆうちょう》に座っている暇はない。やりたいことがたくさんあるのに。向上心と言えば聞こえがいいが、あの頃の私は野心やら他人への嫉妬やらにがんじがらめにされていた。自分自身の欲深さに苦しんでいたと言えるかもしれない。

その頃、母からよく誘われた。「あんたも仕事ばっかりせんと、たまには一緒にのんびり旅行でもしようや」

私は内心、反発した。親との旅行なんていつでも行けるわ、それより仕事でいい結果を出したい。「そのうちね」と生返事を繰り返すうちに母は認知症になり、この世を去った。

今になって思う。母は私の危うさに気づいたから声をかけてくれたのではないか。それなのに拒んだ自分を激しく後悔している。あの頃の私に、果たして母と旅をするより大切なことなんてあったのだろうか。

だから今、父との何げない暮らしを大事にしたい。この日々は永遠ではないから。

幸せは、ささやかな毎日の暮らしの中にある。気づけたのは私が「老いた」からだ。そして父の穏やかで丁寧な暮らしは、老いることの豊かさを私に教えてくれる。

そう。老いるのも、決して悪くない。

2 「みんなにかわいがってもらえるような年寄りになる」

父ももうじき104歳。元気とは言え一人にしておくとやはり心配なので、今は私も1年の4分の3は呉の実家で暮らしています。

それでも、仕事で東京にいなければならなかったり、講演で他の地方を回ったりする時期もあります。その間、父は一人暮らし。でも一人のようで一人じゃありません。近所の人たちが父のことを気にかけ、何くれとなく世話を焼いてくれるからです。

たとえば食生活。近所の商店街の人たちが、毎日の献立を考えてくれます。

実家は下町なので、昔からの商店街がすぐ近くにあります。父は手押し車で買い物に出ると、まず商店街の入り口にある魚屋さんに声をかけます。

「今日は何がありますかいの?」

「ありゃお父さん、今日も元気そうなね」

実は、この魚屋のおじさんがキーマン。父が前日に何を食べたか、把握してくれているのです。

「お父さんは、昨日はウチの鯛の刺身を食べたけん、今日は隣の肉屋のハンバーグにしんさい。あれは、ぬくめるだけで食べられるけん」

　時には自分の店の売り物じゃなくて隣のお肉屋さんのおかずを勧めるという、不思議な光景が。そのうえ、

「肉や魚ばっかり食べよったら野菜不足で便秘になるけん、野菜も食べんといけんわ。あっちの八百屋さん

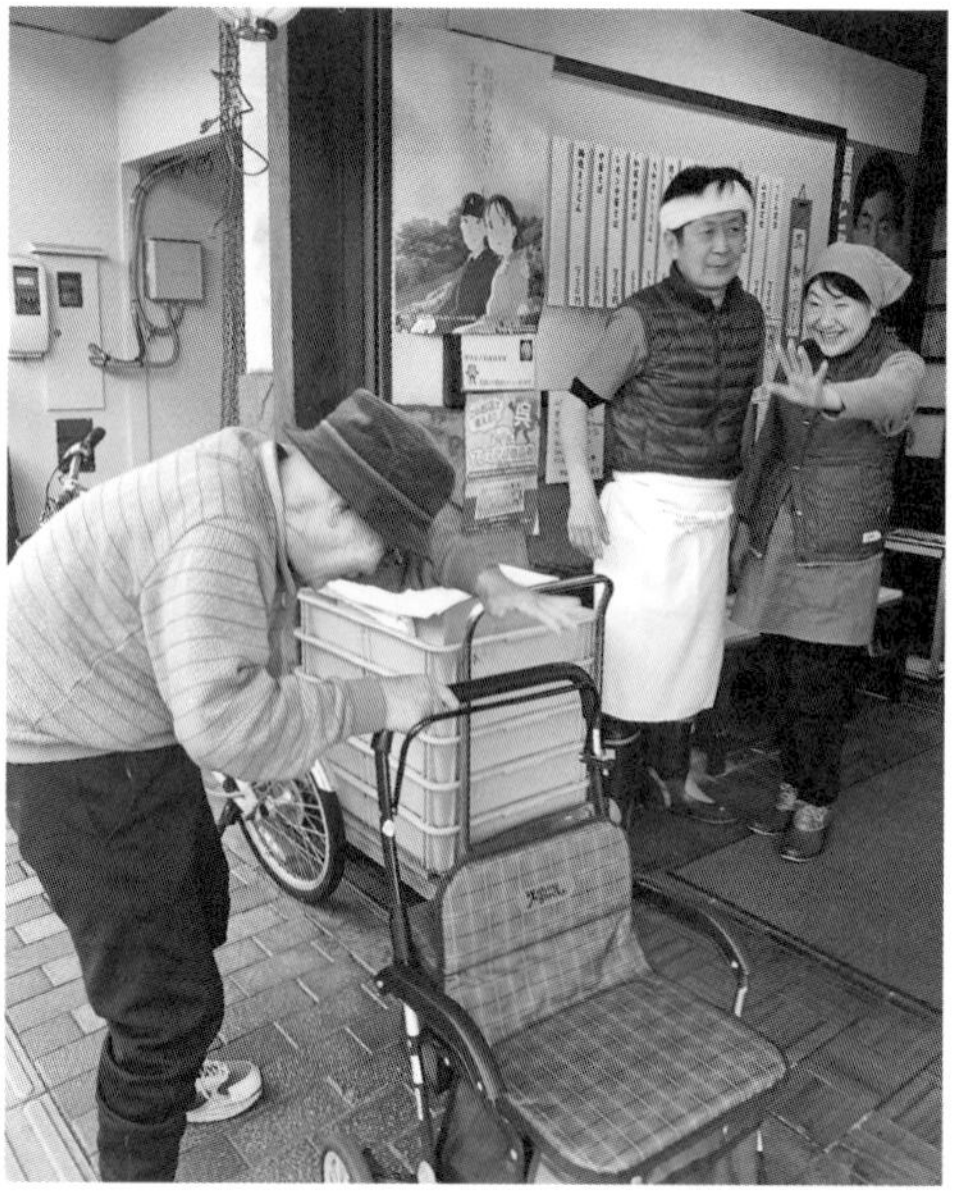

で、白菜の漬け物も買うて帰りんさい。あれも切ったらすぐ食べられるけん」

　おじさん、こうやって父の健康管理までしてくれるのです。父は仰《おお》せに従って漬け物も買うので、必然的に毎日、栄養バランスのいい食事が取れるというわけ。

　父には他にも、なじみのスーパーやパン屋さん、お弁当屋さん……と、いろんなところに応援団がいて、父が好きなパンをお取り置きしてくれたり、おかずを1品サービスしてくれたり、ポイントカードにスタンプをおまけしてくれたり。

「いつも悪いねえ」

　私は恐縮するのですが、みなさん、

「あんなにかわいいお爺ちゃんが一生懸命買い物に来てくれちゃったら、そりゃあ何でもしてあげとうなるわ」

と目尻が下がりっぱなしです。

どうやら、何かしてもらうたびに父が「ありがとね〜」と愛くるしい笑顔をふりまくものですから、みなさんきゅんと骨抜きになってしまうようで。この人たらし！（笑）

しかし、今でこそこんなふうに甘え上手な父ですが、決して昔からこうだったわけではありません。母が元気な頃は家で本ばかり読む内気な人で、ご近所とのふれあいなんてありませんでしたし、母が認知症になってもしばらくは、

「**わしゃ人の世話にはなりとうない**」

と周囲との接触を拒否していました。

「お父さんだけでお母さんの世話をするのは無理じゃろ？　近所の人やら介護サービスの人らに、事情を話して助けてもらおうや」

と私がいくら説得しても、

「**わしはよその人に世話になるのが嫌いなんじゃ。わしの女房じゃけん、わし**

が面倒をみる。放っといてくれ」

そう言い張って、母の要介護認定を申請するのを拒んでいた時期もあります。何でそこまで頑固なんだろう……と不思議でしたが、

「**わしにも男の美学があるんじゃ**」

とも言っていたので、戦前の家父長制の元で育った刷り込みが大きかったのではないでしょうか。

しかし、やはり父が介護を一人で抱え込んだのは間違いでした。母が社会とのつながりを断たれて孤独になり、鬱っぽくなってしまったのです。父が介護疲れの表情を見せるたびに母はおろおろし、

「お父さんが辛そうなのは私のせいじゃ。こうに迷惑ばっかりかける私がここにおるのがいけんのじゃ」

と自分を責めて、精神的にかなり不安定になってしまいました。

結局、見かねた私の判断で、半ば強引に介護サービスをお願いすることに。再び社会とつながった母は、デイサービスで気晴らしできるようになり、やっと笑顔が戻りました。無表情だった母の顔に生気が蘇ったのを見て、父も「あ

あ、人に頼ることは大事なんじゃな」と気づいたのだと思います。

自分が間違っていたと思ったら潔く軌道修正するのが、父のいいところ。それからは、母の介護をサポートしてくれるプロの人たちに少しずつ心を開くようになりました。

最初のうちこそ、「ケアマネジャー」とか「ホームヘルパー」という肩書きが小難しそうに聞こえたのか、

「わしゃ、そうなハイカラなものは好かんがのう」

とブツブツ言っていましたが、介護職の方はみなさんコミュ力の高い人ばかりなので、

「お父さんはホンマによう頑張っとってじゃねえ。やさしい旦那さんで、お母さんは幸せじゃわ」

などとおだててもらい、嬉しくなっていつの間にか打ち解け、しだいに頼りにもするように。

「お父さん、最近困ったことはないん?」

父としては、毎回のこの声かけが嬉しかったそうなんです。だんだんと、困

ケアマネジャーさんとは大の仲良し。

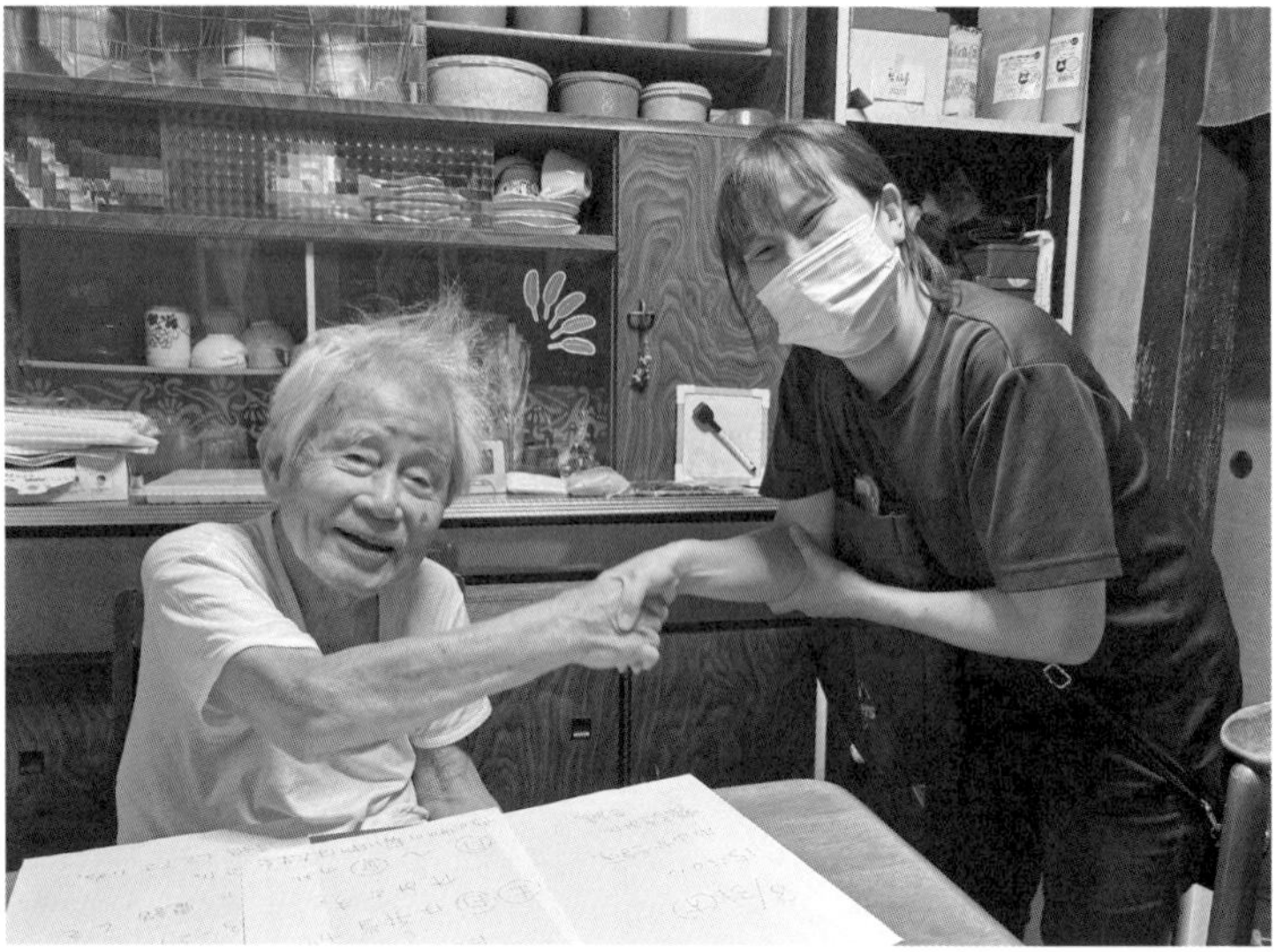

ったことを相談したり、介護の愚痴を聞いてもらったりも、するようになりました。やはり介護のプロの方たちは知識も豊富ですし、娘の私には「心配かけたくない」「カッコつけたい」と思って話せないことでも、親身になって聞いてくれる彼女たちになら素直に話せたのだと思います。

そして今。

母が亡くなった後も、父と、当時の介護職の人たちとの交流は続いています。

彼女たちは今もちょくちょく、

「お父さん、どうしようるん?」

と様子を見に来てくれるのです。その時の父の嬉しそうなこと!

「よう来たのう。まあ、ゆっくりして行きんさいや。コーヒーでも淹れるけん」

そして父は最近、自分を気にかけてくれるご近所さんたちに対しても、

「今日は世話になってありがとね。あがってコーヒーでも飲んで行きんさいや」

と進んで声をかけるようになりました。

「まあ、わしはコーヒー淹れるくらいしかできんけんの」

と本人は謙遜《けんそん》しますが、実は父のコーヒー、豆を挽いて淹れる本格派で、素人離れしたおいしさなんです。飲むとみなさん「ホッとするねえ」「落ち着くねえ」と笑顔に。それに、ゆるキャラみたいな父がかわいらしい仕草でコーヒーを淹れる姿は、見ているだけでもほっこりと癒されますし。

そんなわけで「信友喫茶室」は、老マスターのワンオペになった今も、常連さんたちの憩いの場であり続けています。

そんな父、100歳の誕生日だったでしょうか、私が、

「お父さんのこれからの目標は何?」

と聞いたら、

「みんなにかわいがってもらえるような、かわいらしい年寄りになることかのう」

と言ったのです。私は来し方を思って胸がいっぱいになりました。あの内向的だった父が、「人の世話にはならん」と頑なだった父が、ここまで社交的な、人懐っこい爺さんに進化を遂げるとは！

100歳を超えて元気な人は、頭も柔らかいのかもしれません。父のポテンシャルの高さに、また驚かされた誕生日となりました。

見守りに試行錯誤

最近、私も少しずつ実家暮らしの日を増やしている。しかし、ありがたいことに全国から講演の依頼をいただく。もともと旅好きな私。父の「声がかかることに感謝して頑張ってこい」という励ましもあり、極力お応えしている。私が留守の間、父は一人暮らし。異変があったらどうするか、それが一番の心配事だ。

父は耳が遠く、電話しても呼び出し音に気づかず、出ないことがある。そのたびに私は「倒れとりゃせんか」と気が気でなく、近所の人に様子を見てきてもらう。そんなお騒がせを繰り返してきたのだ。

世の中にはたくさんの見守り装置がある。定点カメラ、センサー感知器、家電の使用頻度から異変を知らせるものまで。しかし自由を好む父は「監視されとるようで好かん」とことごとく却下。

スマートフォンかタブレット端末を持たせたくても「これで十分」と昔ながらの黒電話にこだわる。介護サービスも「わしゃまだ元気じゃ。自分の面倒ぐらいみられるわい」と拒む。娘としても、そういう老父の気概は大事にしたいし……。

試行錯誤の末、今は週3回、近所のクリニックに運動しに通ってもらっている。送迎付きなので父の様子がおかしければ気づいてもらえる。毎回、血圧や顔色を看護師さんにチェックしてもらえ、運動で健康も維持できる。いいことずくめだ。

今や運動は父の楽しみになった。迎えの車が来る1時間も前からそわそわ待っている。今日は自転車型のトレーニング器具を10分漕ぐらしい。「100歳超えとるのにすごいねえ」。クリニックの皆さんにほめていただくのが、父の元気の源になっているようだ。

3 「年寄りの社会参加は、社会に甘えることじゃの」

父が100歳の誕生日に、これからの目標として口にした、

「みんなにかわいがってもらえるような、かわいらしい年寄りになる」

実はこの名言には続きがありました。父は続いて、こう言ったのです。

「わしは気がついたんじゃ。『社会参加』いう言葉があるじゃろ。年寄りにとっての社会参加は、社会に甘えることじゃの」

「どういうこと？」

「もうわしも、人に助けてもらわんと暮らされん年になった、いうことじゃ。自分でも認めんとしょうがないわい。若い頃は何でも自分でできたけん、人に頼るのは恥ずかしいと思いよった。じゃけどもう、そうなこと言うとられん。人がわしを気遣うて手を貸してくれとるのに、『結構です』言うて断ったら心

近所の赤ちゃんと。年齢差なんと100歳以上。

配かけるだけじゃ。**そういう時は『ありがとね』と素直に甘えさせてもらうんが、わしら年寄りの社会参加の仕方じゃわい**」

どうやら父の「かわいらしい年寄り」宣言は、社会に参加する際の心構えだったようなのです。

「わしらは甘えさせてもらうんじゃけん、えらそうにしたらいけん。人に何かしてもろうたら『ありがとね』言うて感謝するんが肝要じゃ。**じゃけんわしは、これからはニコニコかわいらしい年寄りになって、みんなにかわいがってもらおうと思うんじゃ**」

私は感動すると同時に、少し切なくもなっていました。みなさんに「かわいい」と言ってもらえる人懐っこい笑顔にたどり着くまでには、父もいろいろと葛藤したのだと想像できたからです。自分の老いと向き合って、受け入れた上での「かわいいお爺ちゃん」だったんだなあ……。

父も、若い頃の社会参加の仕方は、一生懸命働いて税金を納めることだったはず。定年で仕事を離れてからは、「わしはもう社会の役に立たんのかな」と気落ちした時期もあったかもしれません。それでも「**人に頼らずに、自分のことは自分でやる。それがわしの男の美学じゃ**」と頑張ってきたのです。

父がそんな自分自身のプライドと折り合いをつけて、人に甘えようと決心するまでの道のり。それはちょうど母の認知症が進行した時期と重なったので、私は母にばかり気を取られて、父を気遣ってあげることができませんでした。一人で悶々《もんもん》とした日もあったかもしれんね。相談相手になれずにごめんね、お父さん。

私も還暦を過ぎ、自分が人生の坂を下っていることをひしひしと感じます。体力の衰えは如実《にょじつ》ですし、頑張った次の日は疲れて気力が湧かなくなってきました。きっとこれからもますます、いろんなものを諦めたり、手放したりしなければいけなくなってくるでしょう。

人生の下り坂を、自尊心や自分の美学とどう折り合いをつけながら下りていけばいいのか。どう足掻《あが》いたら豊かな境地にたどり着き、周りにかわいらしい笑顔をふりまけるようになるのか。
父は今、人生の下り方を、私に身をもって教えてくれているのだと思います。
そしていつかは、人生のしまい方も……。
私は目を逸らさず、すべてを見せてもらう覚悟でいます。よろしくね、お父さん。

ある日の日記③

尋ねた最期への思い

ACPという言葉をご存じだろうか。「アドバンス・ケア・プランニング」の略で、人生の最期をどう迎えたいかを、本人の意思を尊重しながら家族や主治医らで話し合って共有することだ。「人生会議」ともいわれ、最近とみに必要性がクローズアップされている。
先日私も、意を決して父に聞いた。最期はどこで迎えたいか。どこまで医療

呉共済病院 YouTube チャンネル「信友直子監督とお父さん『人生会議やってみた』」

行為をしてほしいか。延命治療を望むか……。

きっかけがあったから切り出せた話題だった。広島県呉市でACPの啓発動画を作ることになり、父と私が出演を依頼されたので、それに乗じて尋ねられたのだ。そうでなければ「縁起でもない……」とためらい続けていただろう。

聞いておいた方がいいのは、母の看取り経験から痛いほどわかっている。元気なうちに意思を確認していなかったから、延命治療に踏み切るかどうか、非常に悩むはめになったのだ。

最終的には「おっ母が『腹が減った』と思いながら死ぬのは忍びないわい」という父の意見で胃瘻を造り、母には1年長く生きてもらった。だが母自身は果たして延命治療を望んでいただろうか……。そう考え出すと、今でも胸が苦しくなる。

父は自分の延命治療に関しては、まだ決めかねているようだ。でも今回、ひとつ驚くようなことを言った。「**わしゃ、最後は施設へ入るのもええかの、思うとるんじゃ**」

耳を疑った。てっきり「最後までこの家で暮らしたい」と言うと思っていたのに。もしかして娘の私に負担をかけないためなの？　そう思うと泣けてくる。いつかは向き合わざるを得ない、そうわかっていても、やはり親の今後を思うと心が揺れてしまう。

4 「腹が減るほどさえんことはない」

「誕生日に何が食べたい？」と聞かれたらみなさん、何と答えますか？　おそらく自分の一番の好物を答えるんじゃないでしょうか。

私は小さい頃、「餃子！」と言っていました。母の作る餃子が大好きだったからです。

父はここ数年、誕生日に「あつぁつハンバーグ（父のつけた愛称）」をご所望です。つまりこれが父の一番の好物。某ファミリーレストランの人気メニューなのですが、ハンバーグの上にビーフシチューの角切り肉が載った、かなりこってりした一品です。

この料理、熱した鉄板の上に、銀紙に包まれて出てきます。銀紙を破ると中から、デミグラスソースの香りと共に、ジュウジュウ音を立ててハンバーグが

現れる仕組み。
父は毎年これを、

「あっついのう。うんまいのう」

とハフハフ言いながら、この上なく幸せな顔で頬張り、ペロリと完食します。脇に添えられたジャガイモまるまる1個と、ライスも完食。98歳くらいから103歳まで、毎年ですから大したものです。

私としては、誕生日に自分の手料理をリクエストされない悔しさはありつつも、父にこんな脂っこい料理を食べたい欲求があって、しかもちゃんと完食できる「食べ力」も備わっていることが、何より嬉しく心強いです。人間、食べ力があるうちは大丈夫だと、母を看取った経験で痛感しましたから。誕生日のハンバーグは、父の生命力の強さを確認できるバロメーターでもあるのです。

私は父と暮らして思い知りました。年をとったからといって、誰もが野菜の煮物や豆腐のような、いわゆる「年寄りが好きそうなもの」を好むわけではないのだと。父は今でも揚げ物や肉類など、ガッツリ系の食べ物が大好き。夕飯の献立に動物性たんぱく質がないと、明らかに落胆した顔をしますし、逆に肉

料理を出せばそれだけで、

「おお、こりゃあご馳走じゃ」

と喜んでくれるのですから、単純明快すぎて笑ってしまうほど。

そんな父の「食の流儀」はいろいろあります。まず、何でも大きいまま頬張ってその食感を楽しむこと。たとえば桃やとうもろこしは丸かじりしますし、お雑煮のお餅も、のどに詰まらないように小さく切ろうとすると、

「そうなことしたらおいしゅうないわ。餅はかぶりついて引っぱって伸びるんが醍醐味なんじゃ。丸餅のまま入れてくれ」

とダメ出しされるのです。

考えてみたら、ウチは料理を老人向けにアレンジすることは一切ありません。父は硬いものでも、自分の歯でガシガシ噛んで食べています。だから知らず知らずのうちに、父の歯や顎関節《がくかんせつ》、嚥下の機能は鍛えられているのだと思います。

熱いものは熱いうちに食べる、というのも譲れないこだわり。冒頭で紹介した「あつあつハンバーグ」にしても、

「この、あつあつなのがうまいんじゃ」

と何度力説されたことでしょう。
また、旬の食材や地の物をいただくのは、今や父の生き甲斐になっています。春は近所の山で採れたタケノコやワラビ。梅雨時に漁が解禁になる小イワシ。夏は大栄スイカ、岡山の白桃、三次《みよし》のぶどう、安浦のいちじく。秋はサンマ。そして冬は倉橋島の牡蠣《かき》。どれも、

「ああ、うんまい！」

と相好を崩して食べ、

「また来年もこのうんまいのを食わんといけん」

と今後への意気込みまで語ります。
「食いしん坊」という一言では片づけ

られない、この異常なまでの食への執着心。これは父が青春を、戦争中の食べ物のない時代に過ごした影響が大きいのではないかと、私はにらんでいます。

父は今も口癖のように言うのです。

「腹が減るほどさえんことはないわい」

「さえん」というのは広島弁で、悲しいとか辛いとか残念とか、いろんな否定的な感情が混ざった言葉です。陸軍に召集されたものの体が貧弱で戦地行きを免れた、落ちこぼれ兵の父にとって、軍隊生活で一番辛かったのは空腹だったそうなのです。

「何か月もカボチャばっかり食うた。そのカボチャも、今みたいに甘うてほくほくしとるんじゃないんよ。筋張《すじば》って何の味もせん代物じゃ。それを毎日、何も考えんと腹に詰め込むんよ。**食わにゃあ飢えるけんの**」

私には想像もつかないひもじさです。

思えば、寝たきりになった母に胃瘻を造ったのも、「**おっ母にもう、あの頃のひもじい思いをさせとうない**」という父のたっての希望からでした。

戦争は、父の人格形成に大きな影を落としているんだろうなあ……。

今日もチャーシュー麺を無心にすすり、「**あっついのう。うんまいのう**」と食べる喜びを爆発させる父を見ながら、「うんまいのう」は平和のしるしなんだな、と厳粛《げんしゅく》な思いにかられる私です。

ある日の日記④

布団の上げ下ろしが日課

100歳を超えた父。今もすこぶる元気なのは、その生活習慣によるところが大きいと思う。

父はベッドではなく布団派だ。朝晩の布団の上げ下ろしを日課にしている。「人が来ない日は敷きっぱなしでいいんじゃないの？」私が持ちかけても「**こりゃ、わしの運動じゃけん**」と絶対にサボらない。なるほど、重い布団を持ち上げて押し入れにしまうのは、けっこうな全身運動になるのだ。

バリアフリーでなく「バリアあり」の家で暮らしているのも、足腰が弱らずにすむ秘訣《ひけつ》だろう。両親の高齢化に伴いウチでも一度はバリアフリー工事を考えたが、「認知症のお母さんが混乱するといけないから、できるだけ家の内装は変えない方がいいですよ」というケアマネジャーさんの忠告に従って、段差のあるままにしたのだ。これが功を奏した。

父は必然的に、玄関の上がりかまちを「よいしょ」と上がったり、風呂の縁をまたいで深い湯船につかったり。日常生活を普通に送るだけで足腰が鍛えられたというわけだ。

食生活も見てみよう。父は硬いものも平気で食べる。かえりいりこ、きんぴらごぼう、タコやイカ……。もともと食いしん坊なので、食べる楽しみのために口腔《こうくう》ケアを怠らない。だから今も自分の歯が

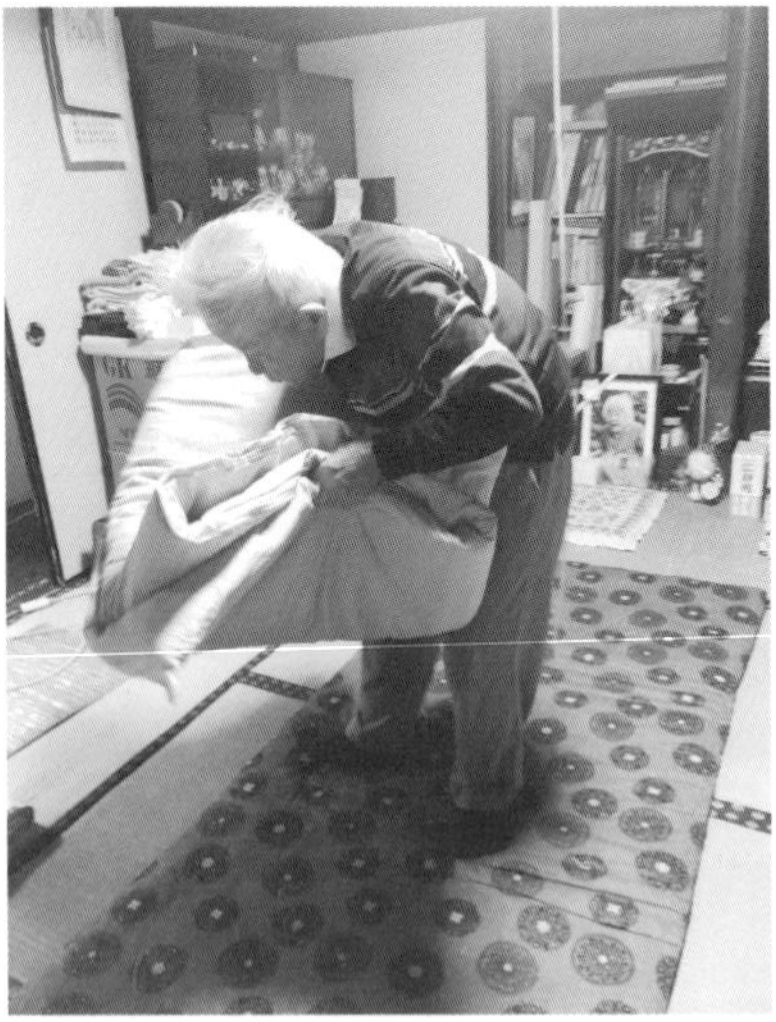

残っているし、何でも嚙み切ってガシガシ食べられるのだ。

人間、年をとるとつい楽を考えがちだが、一度楽を覚えたら体が慣れてしまう。今できていることを「年だからやめよう」と思わずやり続けることが、健康長寿につながるんじゃないか。父が体現している教訓である。

5 「やりたいことをやりんさい。それが何より幸せなこと」

私が物心ついた頃から、ウチには父が持っているレコードの男声合唱曲がしょっちゅう流れていました。

♪ 紅《くれない》萌ゆる丘の花　早緑《さみどり》匂う岸の色
　都の花に嘯《うそぶ》けば　月こそかかれ吉田山

幼かった私は、歌詞の意味など当然わからないまま音として覚え、父と一緒に大声で歌っていました。

幼稚園での鮮烈な記憶があります。

「みんなはどんなお歌を知っとるかな？　みんなの知っとるお歌を歌ってみよう」

先生にうながされて、みんなで代わる代わる「チューリップ」や「ちょうち

ょ」を歌っていた時のこと。私も「ハイ！」と勢いよく手を挙げて、

♪くれないもゆる　おかのはな〜

勇んで歌い出した途端、あたりはシーン。先生も「この歌、何？」というような困った顔になって、一気に微妙な空気が流れたのです。

あれ？　この歌、誰も知らないの？　私には「チューリップ」より身近な歌なのに？

ウチは少し変わった家なのかも、とその時初めて、幼い私は認識したのでした。

父がいつも歌っていたのは、旧制第三高等学校（略して三高。今の京都大学）の寮歌。父が進学を夢見たのに、戦争で諦めた学校です。

「わしはほんまは、三高で英語を勉強したかったんじゃ。バンカラな校風にも憧れてのう。じゃけど戦争で英語は敵性語になるし、わしも陸軍に召集されて勉強どころじゃなくなった。戦後は妹らを食わすのに必死じゃったし。**もし好きな勉強を思う存分できとったら……と思うと、今も無念でしょうがない**」

「無念」という言葉を、私はかなり幼い頃から知っていたように思います。父

が感情を込めて三高の寮歌を唸《うな》っては、「日本はほんまに馬鹿な戦争をしたもんじゃ。わしは無念でならん」と繰り返していましたから。

父には戦後しばらく、破れかぶれになっていた時期があるようです。

「わしは落ちこぼれ兵で、戦地に行かずにすんで命が助かったが、同級生の半分は戦争で死んだ。体が丈夫で頭のええやつほど軍隊で出世するけん、戦地に行かされて命を落とすんよ。わしの無二の親友も南洋で死んだ。**わしみたいなぼんくらが生きとってもええんじゃろうか。そう思うたら戦後はずっと、生きとるのがしのびなかった**」

その頃の父は思っていたそうです。どうせ付録の人生じゃ。何も期待せず、人ともできるだけ関わらず、好きな本だけ読んでひっそり生きていこうと。

母との出会いは昭和34年。世捨て人のような父を見かねて親戚が設けた、お見合いの席でした。母にその時の父の印象を聞いたことがあります。

「お父さんはええ男じゃったけど、ガリガリに痩せて目の奥が暗うて、世を拗ねとるような人じゃった。私が救うてあげんといけん、と思うたわ」

そう、母が父の、救いの女神だったのです。結婚後は、母の太陽のような明るさが父の凍った心を解かして、次第に笑顔が増えていったようです。2年後には娘の私も生まれ、父も少しずつ、未来に希望が持てるようになったのだと思います。

結納の日の両親。母の髪飾りに気合を感じます。

そういえば、私が子供の頃に抱いていた父の印象は「暗くて神経質な人」でした。今のお気楽な父とはずいぶん違います。あの頃の父はまだ、戦争のトラウマを引きずっていたのかもしれません。

父は、私のしつけは母にお任せで口出ししませんでしたが、唯一言われていたのは、

「好きなことを見つけて、それを思いきりやりんさい」

ということでした。

「わしはやりたいことができずに、この

歳になってもまだ無念を抱えとる。あんたにはこうな思いはさせとうない。今は自由な世の中じゃ。やりたいことをやりんさい。それが何より幸せなことじゃ」

その言葉通り父は、私がドキュメンタリー制作というやりたいことを見つけたら、全力で応援してくれました。私の作品の一番のファンであり続け、母が要介護状態になっても、

「おっ母の面倒はわしがみる。あんたはせっかく東京で、やりたいことをやりよるんじゃ。仕事を続けんさい」

と言ってくれました。

父と私の間には不思議な連帯感があり、私も心のどこかで、「父の無念を私が晴らす」という使命感みたいなものを持って、これまで映像の仕事を頑張り

続けてきたのかな、とも思っています。

まだまだ知らない顔

父がめでたく誕生日を迎えた。相変わらず元気いっぱいである。

当日は広島県呉市に1軒だけ残る映画館が父の主演映画『ぼけますから、よろしくお願いします。～おかえり　お母さん～』を上映してくださり、本人が舞台あいさつ。客席のあちこちから「お父さんおめでとう！」と声援が飛んだ。県外のファンも呼び込む老人パワー、恐るべしである。

別の日には、オンラインでファンミーティングも開いた。そこでは私からのプレゼントを披露。私自身が父の母校、高松高等商業学校（現・香川大学）に赴き、1942（昭和17）年の卒業アルバムを探し出したのだ。

そこにはうっすらとひげを生やしバンカラな雰囲気の父が。写真を見ながら振り返ってもらうと、聞いたことのない話がたくさん飛び出した。「わしゃ大陸に渡って馬賊《ばぞく》になろうと思うとったんじゃ。弱いもんの味方に憧れてのう。騎道班（馬術部）で主将もやりよった」

「馬賊」を辞書でひくと「満州（現・中国東北部）で活動した騎馬の群盗」などと定義されるが、父は大陸を馬で駆け、困っている人を助けたいと純粋に思っていたのだ。おとなしい文学青年だとばかり思っていた父が、胸に熱い革命思想を抱いた冒険家だったとは！

「結婚を考えた相手はいなかったの？」

半分ウケ狙いで聞いたのだが、父は言下に答えた。「**あの頃は結婚など考えら**

れんかった。いつ死ぬかわからんけんの」

ああ、この人はそういう時代を生きてきたのだ……。ずしりと重い衝撃だった。私の知らない父の顔はまだまだたくさんありそうだ。伴走しつつ、父のことをもっと知りたいと思う。

6「苦労せずにもろうた知識は、すぐ忘れてしまう」

「直子はどうしたい？」

「直子はどう思う？」

　小さい頃から、父にも母にもしばしば自分の意見を求められてきました。幼児語（たとえば犬を「わんわん」と言い替えるような）で語りかけられた記憶は一度もありません。両親とも私を「子供扱い」せず、一人の人格として尊重して育ててくれたのです。おかげで私は、他の大人に言わせると、やたらと弁が立つ少々生意気な子供だったようです。

　両親の教育方針の理由は、何となく想像できます。二人とも戦前生まれなので、軍国主義が台頭してどんどん自由にものが言えなくなってゆく恐ろしさが、骨身にしみているんだと思うのです。だから娘には言論の自由を謳歌してほしかったし、幼いうちから民主的に議論する習慣を身につけさせることで、もしまた将来きな臭い世の中になっても「おかしい」と声を上げられる人になってほしかったのでしょう。

私は好奇心が服を着て歩いているような子で、「何で？」を連発していました。そんな娘の疑問に父も母も、面倒臭がったりせず、時には調べてでも答えてくれ、難しい話も嚙み砕いて教えてくれました。もちろん私の子供っぽい意見を否定したりせずに。

「直子はそうなことを考えとるんか。おもしろいのう」

父にほめられたことは私の自己肯定感につながり、その後の人生を歩むうえで大きな支えになったと感謝しています。

私が子供の頃の父は、家でいつも難しそうな本や新聞を読んでいる人でした。安月給だったためか、自宅で購読している新聞は1紙だけでしたが、会社にあった新聞も片っ端から読み漁っていたようです。

103歳の今も、父の読書習慣は変わりません。90代半ばまでは新聞を4紙とって読んでいましたし、今はさすがに少し減りましたが、それでも2紙を、すみからすみまで読んでいます。

父の持論はこうです。

「同じ事柄でも、新聞によって取り上げ方が違うんじゃ。たとえばひとつの法案に、賛成する新聞にも、反対する新聞にも、それぞれの理屈がある。**じゃけん、まずは新聞を何紙か読み比べて、物の見方を偏らさんようにせんといけん。そのうえで、じゃあ自分はどの意見に賛成か、自分の頭でじっくり考えることが大事なんじゃ**」

辞書を引きながら新聞を読むこともあります。父は辞書のコレクターでもあって、広辞苑や大辞林は新しい版が出るたびに注文し、いそいそと買いに出かけます。父の枕元には、いつでも手に取れるように様々な辞書が並んでいるの

です。

ある日、一心不乱に辞書とにらめっこしているので、何を調べているんだろうと盗み見したら、「オンライン」という言葉を引いていました。最近一気に広まったパソコン関連の用語は、父には未知の世界なのでしょう。言葉の意味を一生懸命、ノートに書き写しています。

「そんなの、私に聞いてくれたら教えてあげるのに」

と言うと、

「人に聞いて苦労せずにもろうた知識は、すぐ忘れてしまうけんの。自分で辞書を引いて調べてノートに書きつける、この手間が大事なんよ」

と返ってきました。

今も新しいものを吸収するポテンシャルの高さは、こんな地道な努力に支えられているんですね。おかげで父は少しずつパソコンにも慣れ、今では定期的に私と、オンラインでのファンミーティングもこなすようになりました。パソコン画面の向こうのファンの人たちに、

「こんにちは〜」

とにこやかに手を振り、よどみなく会話する父。最新技術を違和感なく受け入れているのですから大したものです。

そして父は103歳の今も、世の中の出来事にアンテナを張り巡らしています。耳が遠いので情報源はもっぱら活字。日本の政治の体《てい》たらくを嘆き、プーチンや金正恩《キムジョンウン》の独裁体制に憤り、ウクライナやパレスチナの悲劇に心を痛めています。

そして選挙のたびに、シルバーカーを押して市役所まで投票に行きます。おそ

2023年4月、統一地方選の投票へ。

らく呉市内では、自力で投票所に向かう最高齢ではないでしょうか。

世の中への好奇心を失わず、社会参加し続ける。これが父の、健康長寿の秘訣なのかもしれません。

ある日の日記⑥

父と生配信

お盆に実家から、父とオンラインイベントを生配信した。

父は全国にファンを持つ。この日もパソコン越しの100人を相手に、質問に答え、軽妙なトークを繰り広げた。カメラに向かって手を振るしぐさも堂に入ったものだ。

98歳までは普通の年寄りだった。脚光を浴びるようになったのは、認知症の愛妻を一生懸命介護する様子がドキュメンタリー映画になってから。妻を一途に思う姿に世の女性はキュンとし、妻の認知症が進行しても動じない姿に世の男性は「かくありたい」と思ったようだ。

残念ながら、妻（私から見ると母）は2020年に他界した。母を大好きだった父はガックリ来るんじゃないか……。しかし私の心配は杞《き》憂《ゆう》に終わった。一人になった父を支えてくれたのがファンの存在だったのだ。

私がフェイスブックに父の近況を投稿すると、ファンの方々が励ましのコメントをくださる。一人一人のコメントを読むのが、父の日々の楽しみになった。自然とパソコンにも親しむようになり、父の世界はぐんと広がった。

実家のある広島県呉市でも、いまや父が外を歩くと、あちこちから声

がかかる。「お父さん元気？」「ちゃんと食べよる？」父も笑顔で答える。「うん。ありがとね～」

こうやって町ぐるみで高齢者を見守ってくれる社会、素敵だなあと思う。そしてやはり、年をとっても社会とつながることは人を生き生きさせるんだと痛感する。

次の配信は11月の生誕祭。ますます若返った父の笑顔がそこにあるはずだ。

7 「今できよることはやり続ける、これが健康の秘訣じゃ」

１０３歳にして、ますます意気軒高な父。その健康長寿の秘訣を、他にも思いつくままにあげてみましょう。

まずは、よく食べるのはもちろん、よく運動すること。

父は今も週に1度、近所のクリニックのリハビリフロアでマシントレーニングをしています。エアロバイクを漕いだり、プーリーという上半身を伸ばしながら鍛える運動をやったり。

もともとは「筋力をつけて、脳梗塞の母が家に帰って来た時に支える」ことを目標に、98歳で始めたトレーニング。これが母亡き後もまだ続いているんです。なぜかというと、リハビリフロアのスタッフや周りのお年寄りたちから、

「お父さん、すごいねえ」

と、感心や羨望のまなざしで見てもらえるから。言葉を換えれば、みなさんにおだてられて、調子に乗って今も続いているわけです。

たとえばエアロバイクなら、父は10段階のうち5の負荷で5分間漕ぐのですが、その勇姿（？）に周囲のお年寄りたちはざわつきます。

「わしもこういうふうに年をとりたいもんじゃ。ちぃと元気を分けてもらおうかの」

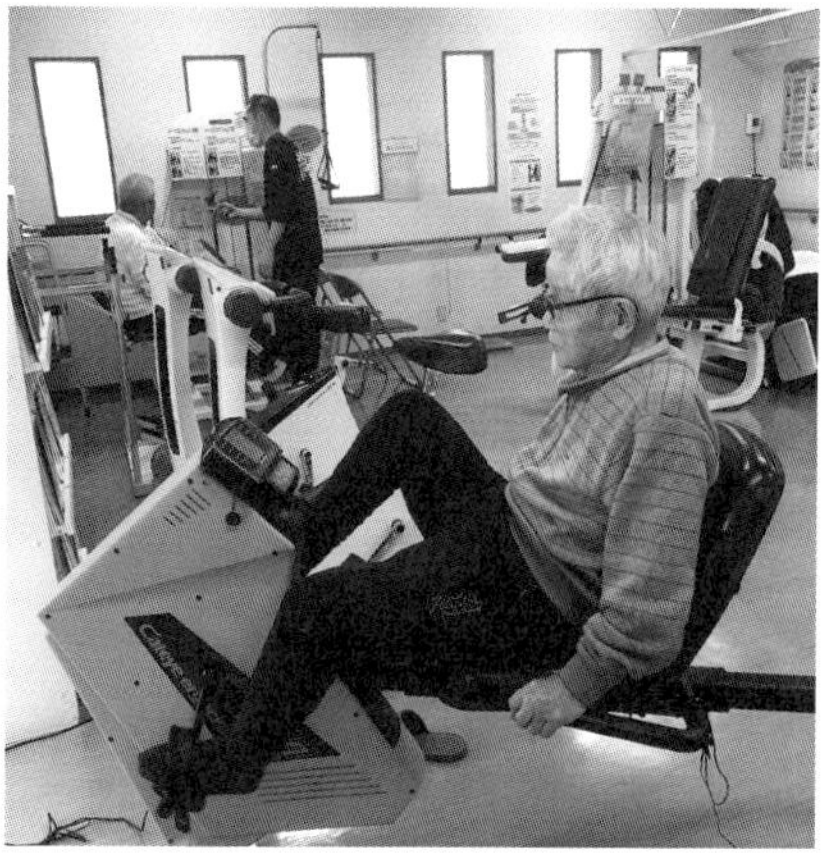

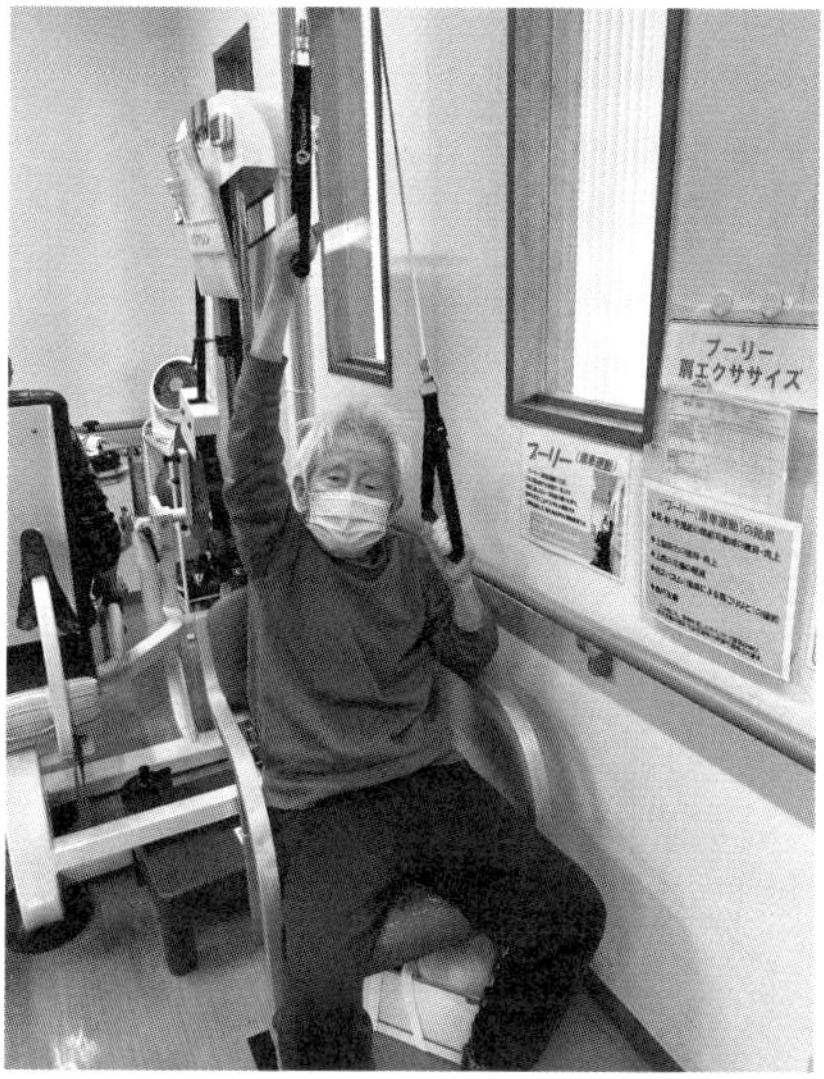

そう言って父に握手を求め、「ご利益《りやく》もろうたわ」と喜色満面の人もいて、父の人気ぶりには驚かされます。他にも、

「103歳のお父さんがこうに頑張りよってのに、私なんかが年じゃ言われんわ。見習わんといけん」

と張り切る70代、80代の方も多く、なんだかクリニック全体が活気づいてきたようです。他のお年寄りが父に触発されて頑張る姿を見ると、父も他人様《ひとさま》のお役に立っているんだなあ、と嬉しくなります。

そして父は、日常生活の中でも、こまめに体を動かしています。実家は昭和の一軒家ですから、家の中は段差だらけ。バリアフリーならぬ「バリアあり」の家なのですが、これが父の健康維持に役立っているのです。

実は以前、実家をバリアフリー工事する計画もあったのですが、母のためにやめたという経緯があります。

ちょうどその頃に母の認知機能が衰えてきたので、ケアマネジャーさんから、「せっかくお母さんが、この家を自分の家じゃと思うて安心して暮らしよるのに、手すりやスロープをつけて様子が変わったら、『ここはウチじゃない。ウ

チに帰りたい』と徘徊《はいかい》が始まってしまう危険性もありますよ。お母さんがこの先も安心して暮らすには、家の中の模様替えはせん方がいいと思います」

とアドバイスを受けて、敢《あ》えて段差があるままにしたのです。これが結果的に、父の足腰を強くしてくれました。玄関の土間をよいしょと上がったり、深いお風呂によいしょとまたいで入る。そうやって知らず知らずのうちに日常生活の中に運動が組み込まれていったのです。

また父は、103歳の今もベッドではなく布団に寝ています。私は上京してからずっとベッド愛用者なので、「ベッドの方が楽よ」と何度も勧めるのですが、父は頑として布団派。いわく、

「ベッドにしたら、腰かけた姿勢から立ち上がるだけになるじゃろ。じゃけど布団なら、床に寝とるところから全身を使うて、よいしょと立ち上がるけんの。**これがわしの全身運動になるんじゃ**」

なるほど、そう言われればごもっとも。

そして、最近こそ回数は減りましたが、100歳くらいまでは、毎朝布団を畳んで押し入れにしまい、毎晩引っ張り出して敷く、というのも続けていまし

た。

そんな父のポリシーは、**「今できよることを『年じゃけん』言うてやらんようになったら、次やろうと思うた時に、もうできんようになる。自分を甘やかしたら、しっぺ返しがきて困るのは自分じゃけんの。『今できよることはやり続ける』これがわしの健康の秘訣じゃ」**

その心意気、あっぱれ！

私は秘かに決心しています。自分が年老いた時には、父を見習って「できていることはやり続ける」を習慣づけようと。

お父さん、大事な教えをありがとう。

8 「なるようになる、思うて安気《あんき》に暮らすことじゃ」

103歳の父には、101歳の親友がいます。

河上利男《としお》さん。父が定年まで勤めた会社の同僚で、もう70年以上のつきあいです。定年後は父と母と河上夫妻で国内旅行をすることもしばしば。家族ぐるみで長年つきあってきました。

河上さんも奥さんを先に亡くして一人暮らし。近くに住む娘さんに運転させて月に1～2回、我が家に何の前触れもなくひょっこり現れます。なぜかいつもイチゴを1パック持って。玄関に着くと娘さんに、

「あんたはもうええけん、1時間後に迎えに来てや」

そして「勝手知ったる」という感じでスタスタと上がり込んで父に、

「おう、来たぞ。元気にしよるか」

とたんに父は、パッと花が咲いたように笑顔になり、

「おう、来たんか。ほんならコーヒーしようか」

いそいそとコーヒーを淹れ始めます。

この阿吽の呼吸、何度見ても二人の篤《あつ》い友情に胸がキュンとします。父にとっては河上さんのこの気まぐれな訪問が、何よりの楽しみなのです。

河上さんも、父ほどではないものの耳が遠いので、二人が会話していると「ああん?」「何じゃ?」の繰り返し。それでも

話はなぜか通じていて、時折ガハハと大笑い。昔の同僚の思い出話をしては、

「あいつももう死んだそうな」

「ほうか。生きとるのはもう、わしらだけになったんかのう」

感慨に浸ったりもしています。

考えてみれば、若い頃に机を並べて仕事をしていた男性二人が、揃って元気に100歳超えだなんて、かなり珍しいことなのではないでしょうか。

父と河上さんを見ていると、お互いが刺激を与え合う「良きライバル」なんだなあと羨ましくなります。毎回冗談めかして、

「あんたよりわしの方が長生きするんじゃけんの」

「いやいやわしの方が（笑）」

と競い合っている様子はほほえましく、父の鼻歌も河上さんが来た後は自然と音量が上がるようです。

母が亡くなって4年、河上さんとの語らいは、父の一番の支えになっていました。

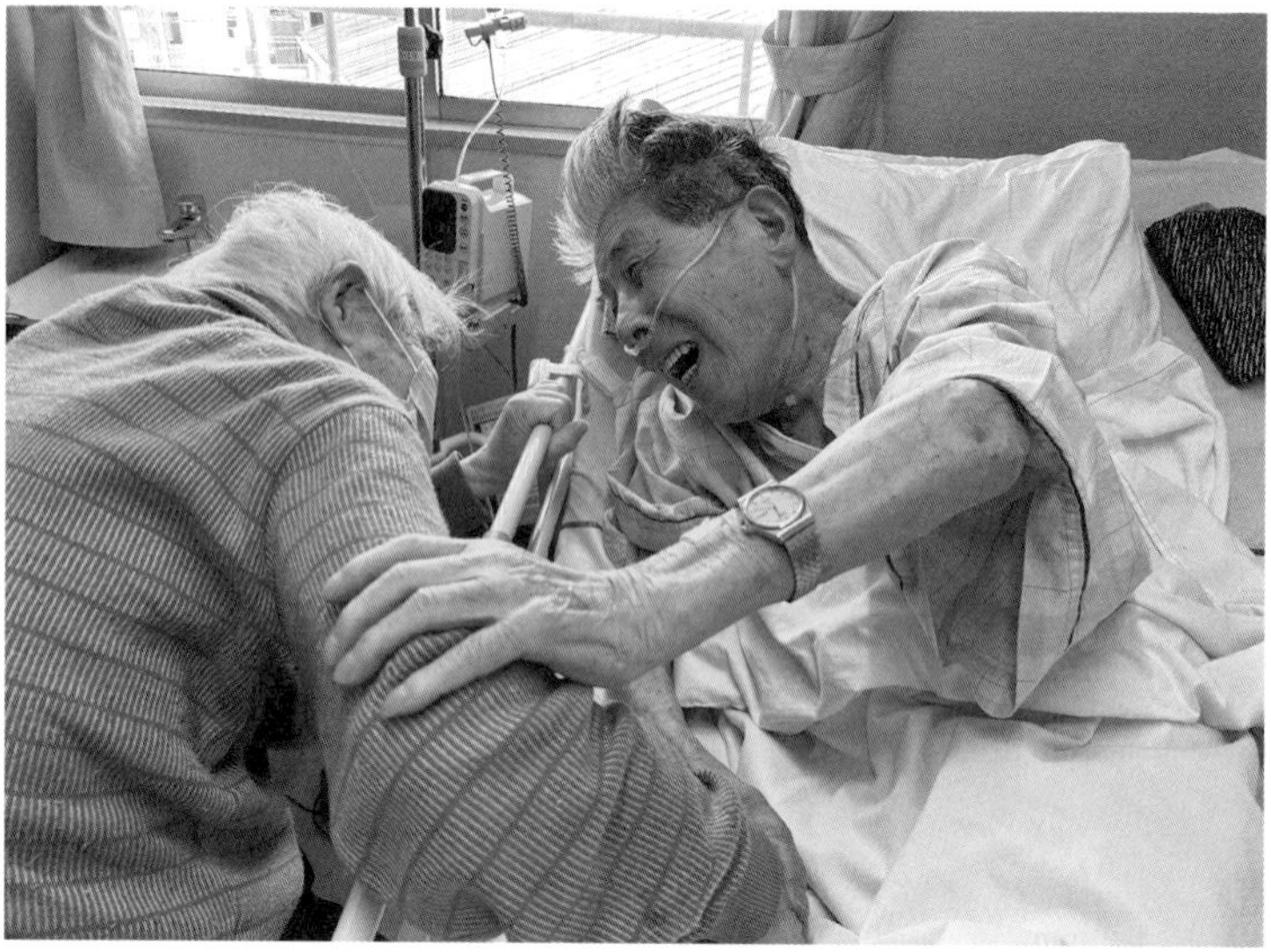

ところがそんな親友が、2024年5月に肺炎で入院したとの連絡。娘さんから、

「気弱になっとるけん、お父さんに来てもろうて、ちぃと元気にしてやってや」

そう頼まれて父を面会に連れて行きました。すると……。

それまで病室でぐったりしていて、眼差しも虚《うつ》ろだった河上さんが、父の顔を見るなり覚醒したのです！

父の腕をぎゅっとつかみ、

「よう来てくれたのう。わしゃ、もういつ死んでもええと思いよったが、あんたの顔を見たら、もっと生きたい思うたわ。あんたが生きとる間はまだ死なれんわい」

私は涙をこらえきれなくなりました。

父は河上さんを必死に励まします。

「お互い元気で頑張ろうで。わしもあんたを頼りにしとるんじゃけんの」

そして自分が元気でいられる秘訣を、一生懸命に伝えました。

「あんたも安気に構えての。わしみたいに。わしももう腰は悪いし、思うようにならんが、気に病んでもしょうがないけんの。なるようになるわい、思うて、安気に暮らすことじゃ」

「安気」とは、広島弁で「呑気《のんき》」とか「お気楽」という意味です。

「ほうじゃのう、ほうじゃのう」と父の言葉をかみしめていた河上さん。

それから数日間、河上さんはご家族に、

「信友が来てくれてのう。安気に暮らせえよと励ましてくれた」

嬉しそうに何度も何度も繰り返していたそうです。

河上さんは6月17日に亡くなられました。

父に伝えた時、いつもは同じことを何度か繰り返さないと伝わらないのに、その事実だけは一度で聞こえ、

「え」

と言ったまましばらく無言でした。

お通夜とお葬式の日取りを伝えると、

「わしゃあ行かん。泣いてしまうけん、恥ずかしい」

それを聞いた娘さんがお通夜の前に、父に特別にさよならを言う機会をくださって、父は親友と、最後の時間を持つことができました。

帰り道、父は言いました。

「河上はやさしい顔をしとったのう。安気に最期を迎えられたんじゃろう。わしも死んだ時は、ああいう顔になれるかの？」

父にとって、自分のそう遠くないところにある死は、どんなものなのでしょうか。

父は言います。

「わしゃ死ぬのは怖いことはないんじゃ。もう100を超えて生きさせてもろうたけん、いつ死んでも文句はないわい。むこうではおっ母が待ちよるけん、会えるのも楽しみじゃしのう。じゃけん、わしが具合が悪うなったら、えっと管をつけて延命したりせずに、素直に死なせてもらいたいと思うんよ」

父と私は最近、人生会議を何度か繰り返しています。人生会議とは、人生の最期をどう迎えたいか、延命治療を望むのかなど、自分の希望を家族や主治医にあらかじめ伝えておくこと。最初は縁起でもないと思っていた人生会議ですが、父の人生哲学、何を大切にして生きているかを知るには、大切なやりとりだと思うようになりました。

良く死ぬことを考えるのは、良く生きることを考えるのと同じ。私は103歳の父に、人生をこのまま悔いなく生き切ってほしい。そのために私のできることは、何でもしようと思っています。

第3章　哲代《てつよ》さんにもらった言葉

――信友良則&石井哲代　同級生対談

「できることは自分を甘やかさずにやり続ける。でも手を差し伸べてくれる人には、感謝して甘えさせてもらう」

これをモットーに、老いの日々をニコニコとユーモアを絶やさず暮らしてきた父。

ですが最近、少し元気がないのかな？と心配になることが増えてきました。

母を亡くして4年。先日トイレから、

「お母さん、わしゃあ寂しいわい」

という父の声が不意に聞こえてきて、胸を衝《つ》かれたのです。

父は私が外出していると思っていたらしく、トイレから出たら私がいたので少し狼狽《うろた》え、

「さっきのはわしの独り言じゃけん、気にせんでええんよ」

と取り繕いました。

私の前では常に笑顔の父。でも心の内にはずっと喪失感があって、これまでも一人の時は、こうやって母に語りかけていたのでしょう。この4年間、ずっと……。気づけなかった自分の不甲斐なさが申し訳なくて、涙が出ました。

そのうえ親友の河上さんも旅立ってしまい、昔からの心を許せる友人は誰もいなくなってしまいました。

そして父本人の調子も、このところあまり芳《かんば》しくありません。足が弱ってふらつくことが多くなり、今まで自分でしていた買い物や洗濯が、次第に覚束《おぼつか》なくなってきたのです。そしてそれを補うため、私ができるだけ実家にいて、父を支えるようになりました。

でも私も、実家にべったりいられるわけではありません。私のいない間は介護サービスを利用して、ヘルパーさんに家事をやってもらったり、デイサービスでお風呂に入れてもらったり、してほしいのに……。本人、なかなか首を縦に振ってくれないのです。

父は「自分のことは自分でやる」にこだわって生きてきた人なので、それを手放したくないのでしょう。他人から親切にされることには感謝できても、自分から「お願いします」とはまだ言いたくない……。父は今、自分のプライドとどう折り合いをつけるか、悩んでいるんだと思うのです。

でも、頑張って自立した生活を続けてきたからこそ、１０３歳まで元気でいられたのも事実。それこそが父の健康長寿の原動力なのです。なのにあまり父を庇護《ひご》しようとすると、かえって気弱にさせてしまうかもしれない……。私自身も堂々巡りの最中《さなか》にいました。

そんな時、古いつきあいの地元紙・中国新聞の記者さんから、

「尾道の哲代おばあちゃんとお父さんの同級生対談ができたら、おもしろいと思うんですけどねえ」

と言われて、これだ！と思った私。

広島県尾道市にお住まいの石井哲代さんは、父より半年年上の104歳。2023年に『102歳、一人暮らし。哲代おばあちゃんの心も体もさびない生き方』という本を出してベストセラーになった、名物おばあちゃんです。

一人暮らしを続けるために、介護サービスをうまく利用している哲代さん。自分から積極的に社会に頼るのもええもんよ、と先輩から父の背中を押してもらえれば……と思ったのです。父の年になると、年上の人に話を聞く機会なんてそうそうないですからね。

話はトントン拍子に進んで、父と私が尾道市の哲代さんのご自宅に伺うこと

になりました。

日程が決まると、父はがぜん張り切り始めました。さっそく哲代さんのご本2冊を読んで予習。さすが読書家です。本を読むうち哲代さんにますます興味を抱いたようで、

「この人は長う小学校の先生をやりよっちゃったんじゃのう。大した人じゃわ」

と尊敬の念も抱いた様子。

当日はしっかりお風呂に入って、髪の毛を丁寧に梳かし、身だしなみもバッチリ整えた父。いざ、尾道へ！


実は哲代さんとお会いした瞬間、ビックリする出来事が。

家の前で哲代さんが待っていてくれたのですが、父は哲代さんに向かってほとんど突進せんばかりの勢いで進み、挨拶の言葉よりも先に手を出して、哲代さんの手をしっかりと握ったのです。そして哲代さんもたじろぐことなく父の手を握り返し、そこからずっと二人の手はつながれたまま。

「こがぁに長生きできるとは思いもしませんでした」

「そうでさぁのぉ、お互いに（笑）」

それは「この二人、前から親しい間柄だったっけ？」と錯覚してしまうほどの自然な動作で、私も哲代さんの姪御《めいご》さんも、

「何でしょうね、初対面なのに、このバディ感……」

思わず感極まってしまいました。

二人は玄関先でもう話に花が咲き始め、なかなか対談場所の縁側に移動できない事態に。父も、同じ時代を生きてきた人との会話に飢えていたのかもしれません。

哲代　まあ、尾道までようおいでくださいました。ありがたいです。私は大正9年4月29日生まれ。満104歳を過ぎました。

良則　わしは11月1日で104歳になります。

哲代　そうですか。ちいと弟ですなあ。

良則　わしより年上の人とお話しするのは、ほんまに嬉しいです。こがぁに長生きできるとは思いもしませんでした。

哲代　そうでさぁのぉ、お互いに（笑）。

良則　この時代の男の人はようけ戦死しましたけんの。わしゃあ、運のええ男です。原爆にも遭わずにねえ。

哲代　呉も戦災におうとるでしょう。

良則　もう大半が燃えました。

哲代　そうですか。それをしのいでこられたんじゃけえね。えかったです。

父と同じ年に生まれた哲代さん。戦後すぐに結婚したご主人との間に子供はなく、ご主人も20年前に他界されたので、一人暮らしのベテラン（？）です。生真面目《きまじめ》でつい頑張りすぎてしまう父に、軽やかに一人暮らしを楽しむ極意を指南してくださいました。

良則　わしは女房が4年前に死んでから、家で一人暮らしを続けております。

哲代　え、お父さんも一人暮らし？　私はね、ちゃんと毎日（配食サービスの）おかずが来るんですよ。ほれ、今も来とってじゃ（ちょうど

良則　配達員さんが、物珍しそうに対談を見学しておられました）
ウチの方は町（繁華街）ですけん、近所に商店やらスーパーがあるんです。そこでおかずを買うのがほとんどでねえ。あとは自分で飯を炊いて食いよります。

哲代　そりゃあ、私より上手《うわて》ですわ。私なんか人に頼っとる。

良則　わしゃあ人に頼るのが苦手でねぇ。今のところはまだ、体の自由が多少利きますけんね。

哲代　洗濯やらも？

良則　洗濯は適宜やります。

哲代　わおー。大したもんですな。この年でやろうと思うだけでも大したもんじゃに、それを実際やってんじゃから。五重丸あげます。私はもう洗濯も掃除もヘルパーさんにお願いして、楽をさしてもろうとるのに。ちょっとお父さんを見習わんといけません。

「11月1日で104歳になります」

「そうですか。ちいと弟ですなあ」

哲代さんはとてもほめ上手です。長く小学校の先生をされていたからか、相手のいいところを見て、「わおー」と大げさなくらいほめてくれます。父は自分の頑張りを認めてもらえたことが嬉しくてデレデレに。

ただ、人生の先輩である哲代さん、父の今の悩みは既に経験済みのよう。

哲代さんも100歳くらいまでは「自分のことは自分で」とこだわっていたそうですが、年とともにできないことが増えて落ち込みそうになった時、**「もう100年以上頑張ってきたんじゃから、少しは自分を甘やかしてもええんじゃないか」**と思うようになったそう。

「できんことは無理してやらずに、周りに上手に甘えていけばええんじゃ」

そう割り切ったら、ずいぶん生きやすくなったというのです。

そうよ、お父さん、私の言いたいのもそれなんよ！

それにしても、哲代さんまでもが父のことを「お父さん」と呼んでくださるとは（笑）。

父は100歳を超えても、なぜか「おじいさん」とは呼ばれず、どこでも誰からも「お父さん」なんですよね。そんなに「お父さん感」が強いのでしょうか？　本当に不思議です。

良則　ほいじゃが最近、ちっくし体が動かんようになりましてのう。

哲代　え、どこがですか？　足？　足はまだ鍛えられるけえね。元気出してください。気持ちを強う持ってくださいよ。ここにお姉さんがおるんじゃけえ。いつまでもお母さんを思ってくしゅんとなっとったら、お母さんも心配してじゃけえね。

良則　はい！　ありがとうございます。そうします。そういうふうに心がけます。

哲代　はい、よろしい！

哲代さんの豪快さに励まされ、先生に答える生徒みたいに素直に返事する父。こんな姿、どこかで見たことあるな……とぼんやり考えていたら、ハタと思い当たりました。昔の母と父みたいだ！

母はいつも、「お父さん、こうせんとダメよ」「こういうふうに考えたらどうなん？」と父をリードしていました。それに対して父が「ハイ」「ハイ」と素直に従う、ウチはそんな夫婦だったのです。「**おっ母の言うことを聞いとりゃあ間違いないいけんの**」これが父の口癖でした。母に絶対的な信頼感を抱いていたのです。

天国の母は、父と哲代さんとのやりとりを見てどう思っているかしら？　そんなことがふと頭に浮かびました。感謝しているかな？　それともちょっぴり焼きモチを焼いているかな？

ここからは私も対談に加わりました。上手に介護サービスを使う哲代さんの話を、もっと父に聞かせたかったのです。

直子　哲代さんは、デイサービスには行かれてるんでしょう？

哲代　週に3回行っておりますよ。

直子　ほら。お父さんも行ってみたら？

良則　わしゃ人と付き合うのが下手でね。耳も遠いけん、人の話が聞こえんで気を遣うんです。

哲代　話をせんでも、風呂に入らせてもらえるのはええですよ。私はもう、家の風呂は沸かさんことにして、そこの風呂をよばれておるんです。

良則　ありがたいことですなあ。

哲代　だから利用してみてください。気持ちがええけん。それに、知らん人とでも馬鹿話してみればええんよ。職員さんもみなやさしいから。

良則　私も年取ったらねえ、人がみなやさしゅうしてくれるような気がします。

哲代　でしょう。だから私ら、使えって言うてくださるもんは、何でも使わせてもらいますよ。いい時代を送らせてもろうて幸せです。

直子　哲代さんはいつもニコニコ元気いっぱいですが、不安や寂しさはないんですか？

哲代　そりゃあ、ありますよ！　でも人に言うたところで解決するもんじゃないから、自分で何とかするんです。寂しい虫はあっちいけ〜、悲しい虫はこっちいけ〜言うてね、暮らしておるんでございます。

直子　ああ、本当にそうですね。

哲代　自分でコントロールせんとしょうがないことですから。人にどうこうしてもらえるもんではないからね。

良則　わしも、一人で生きて一人で死ぬんじゃいうのは、よう言いよります。

哲代　そういう思いでおれば、悲観することもないし、人生をまっすぐに生きられますからね。

良則　まあ、友達もおらんようになるしねえ、人生寂しゅうなるんです。

哲代　女房が死んだのも寂しいです。

良則　じゃから、友達が要るんですよね。

直子　友達は戦争でようけ死にました。

哲代　今からでもつくればええんじゃないの？

直子　私はね、この地域の人と仲よしクラブというのをつくっておるんです。昭和48年に始めたから、もう50年になるかなあ。毎週月曜日に集まって、みんなでお茶飲んで大《おお》喋りしたり、大正琴を弾いたり。

哲代　哲代さんの生き方は本当に憧れです。ウチは昔から、母が社交的で、父はおとなしくて。父は一人残されて寂しいんだと思います。よかったら、父の友達になってやってください。

良則　はいはい、それは喜んで。じゃが、呉はちぃと遠いですのう。（車で1時間半かかります）

哲代　まあ、呉においでてください。わしが海軍コーヒー（呉名物「海軍さんの珈琲」）を淹れますけん。

哲代　わおー、そりゃあ本格的じゃ。ぜひお父さんのコーヒーをよばれましょう。呉でお父さんが頑張っとられると思うたら、私も励みになりますよ。お互い元気出してね、いきましょう！

哲代さんの持論を聞きながら、私は自然と母を重ねていました。母も「笑って生きても一生、泣いて生きても一生。同じ生きるんなら、人生楽しまんと損よ！」が口癖の人でした。母が認知症にならずまだ元気でいたなら、きっと哲代さんみたいに素敵に年を重ねていただろうな……。

かたや父は、恥ずかしいほど繰《く》り言ばかり（笑）。でも「女房が死んで寂しい」というホンネを素直に吐き出せて、少し気持ちが楽になったはず。父だって、初対面の哲代さんにここまで自分をさらけ出せて甘えられたのですから、父なりに進歩したわけです。そうさせてくれた哲代さんは、本当に名カウンセラーだと思います。

「ここにお姉さんがおるんじゃやけえ」

「お互い元気出していきましょう」

哲代さんのこの言葉、どれほど父の励みになったことか……。

対談が終わって、私たち「若いもん」が家の中でお喋りを始めても、父と哲代さんは縁側に座ったまま、仲良くお茶をすすっていました。私が「お父さん、そろそろ帰ろうや」と声をかけるまでずっと。それはまるで、朗らかな姉と、姉に甘える弟のように見えました。

父は、哲代さんとの出会いから、たくさんの元気をいただいたようです。

「ええ人じゃったのう」「わしもたいがい安気な人間じゃ思いよったが、あの人の豪胆さは段違いじゃの。ありゃあ長生きしてじゃわい。わしも見習わんといけん」その後しばらくは、哲代さんのことばかり話していたくらいです。

そして介護サービスについても、

「わしもちいと楽してもええんかの?」

と言い始めたので、少し気持ちが変わってきたかな?と期待しています。でもまあ、私もあまり焦らず、これからも父の気持ちに寄り添っていくつもりです。

お父さん、次は哲代さんといつ会えるかねぇ。再会を楽しみに、父は前向きに104歳へと歩み続けています。

おわりに

人生でこんなに父のことを一生懸命考える日が来るとは、思ってもみませんでした。

振り返ればずっと私は、父にあまりに無関心でした。親というだけで「いて当然」の存在だったのに加え、父自身が、

「わしゃあ昔から、そこにおるかとも言われんような人間じゃった」

と自虐《じぎゃく》する通り、本当におとなしくて目立たない人だったのです。

一方で母が、何でもできて楽しくて友達の多い、わかりやすい陽キャだったものですから、父はどうしても見劣りしがち。私は思春期の頃など、

「なんでお母さんは、こんなぱっとせん人と結婚したんじゃろうか」

と歯がゆく感じていたほどです。今思えば、なんて人を見る目がなかったんでしょう!

故郷を離れて東京に出てからは、仕事柄いつもビデオカメラを持ち歩いてい

たので、両親のことも帰省するたびに遊び感覚で撮影していました（映画が生まれたのはこの習慣がきっかけでした）。でもそんな時も、撮っていたのは母ばかり。父は後ろに写り込んでいる程度のモブキャラ扱いでした。

それが、母が認知症になってからは父の登場回数がぐんと増えてきたのです。こんなに肝がすわった人だったっけ？　こんなに母に尽くしてあげるの？　次々と新たな発見があり、いつしか私は夢中になっていました。

「えー知らんかった！　お父さん、案外ええ男じゃないの！」

そして今度は、このワクワクする気持ちを文章にする作業が始まったのです。撮った動画ありきの映像作品と違って、文章を書くというのは本当にゼロから紡いでゆく作業です。今の気持ちに一番ふさわしい言葉は何か、ああでもないこうでもないと試行錯誤しながら組み立ててゆくのです。

父の動画を撮影していた時にはぼんやりと抱いていただけの感情に、ふさわしい名前をつけてゆく。それによって父の像はより鮮明になり、他人に伝わる言葉を探すうち、より父を客観視できるようになっていきました。

私は今まで、取材でたくさんの人に会ってきました。未開の地であるシルクロードや、ベールに覆《おお》われた北朝鮮にも行きました。でも実は身近に、こんな素敵な掘り出し物が眠っていたとは！　まさか自分の親が、こんなに冒険しがいのある秘境だったとは（笑）。

みなさんにもぜひ、身近な人に改めて目を向けてみることをお勧めします。普段見慣れているからこそ気づかなかった魅力が、あなたの意識ひとつでキラキラと輝き出すかもしれません。

今回私を新たな「未踏の旅」に誘《いざな》ってくれた方々には、感謝の気持ちでいっぱいです。

まずは担当編集者の蟹井あやさん。私の地方の講演会まで足を運んで「お父さんの本を作りましょうよ」と熱心に口説き、遅筆の私を辛抱強く励ましてくださいました。中国新聞社の木ノ元陽子さん、鈴中直美さん、平井敦子さん、衣川圭さんには、尾道の石井哲代おばあちゃんとの夢の対談を実現させていただきました。

そして何と言っても、父に勇気をくださったラスボス・石井哲代さん。父は今も哲代さんとの記念写真を眺めては、

「この人も頑張りよってんじゃ。わしも頑張らんといけん」
と決意を新たにしています。

そうは言っても、父は日《ひ》一日《いちにち》と老いの坂を下っています。そばにいるとひしひしと感じます。

今年の初めまでは一人で買い物に行けていましたが、足が弱ったのでもう危なくて行かせられなくなりました。本人のやる気は買いたいのですが、転んで怪我したら？　横断歩道を渡る最中に歩けなくなったら？　などと考えると、どうしても躊躇《ちゅうちょ》してしまうのです。本人も強行しないところを見ると、少し自信をなくしているのかもしれません。

今年の異常な猛暑のせいもあるでしょうが（この原稿を書いているのは2024年8月）急に食が細くなったのも心配です。今まで私と競うように食べていた好物を、
「あんた食いんさい。わしゃええけん」
と遠慮されると悲しくなります。じゃあブドウなら食べられる？　アイスク

リームはどう?と糖分補給を工夫する毎日。涼しくなってまた食欲が戻ってきてくれることを祈るような気持ちです。

最近はトイレの失敗もあるようです。でも私には決して見せません。ゴソゴソと一生懸命、自分で拭いたり洗ったりして、原状回復に努めている気配が伝わってきます。私は見て見ぬふりをするしかないのですが、本人は情けないはずなのに、目が合うとニコッと照れ笑いをするからよけいに切なくなります。もっと甘えてくれてもいいのに……。

でもこれが父なんです。娘にはできるだけ面倒をかけず、自分の責任で、何にも縛られず、自由に、好きなように生きたい。娘としては、その父の美学を最後まで貫かせてあげたいし、それが私の使命だと思っています。

父との日々も永遠でないことはわかっています。父が眠っていると、息してるかな?と思わず確かめてしまうことも増えました。手にかかる小さな息に安堵し、「失いたくない」という強烈な感情がこみあげてきます。くうくう眠る横顔は子犬のように愛らしく、永久保存しておきたい衝動にかられます。そして、いつしか涙がこぼれている自分に気づくのです。

もしかしたらこういう時間を、人は「幸せ」と呼ぶのかもしれません。

２０２４年　残暑厳しい呉にて　　信友直子

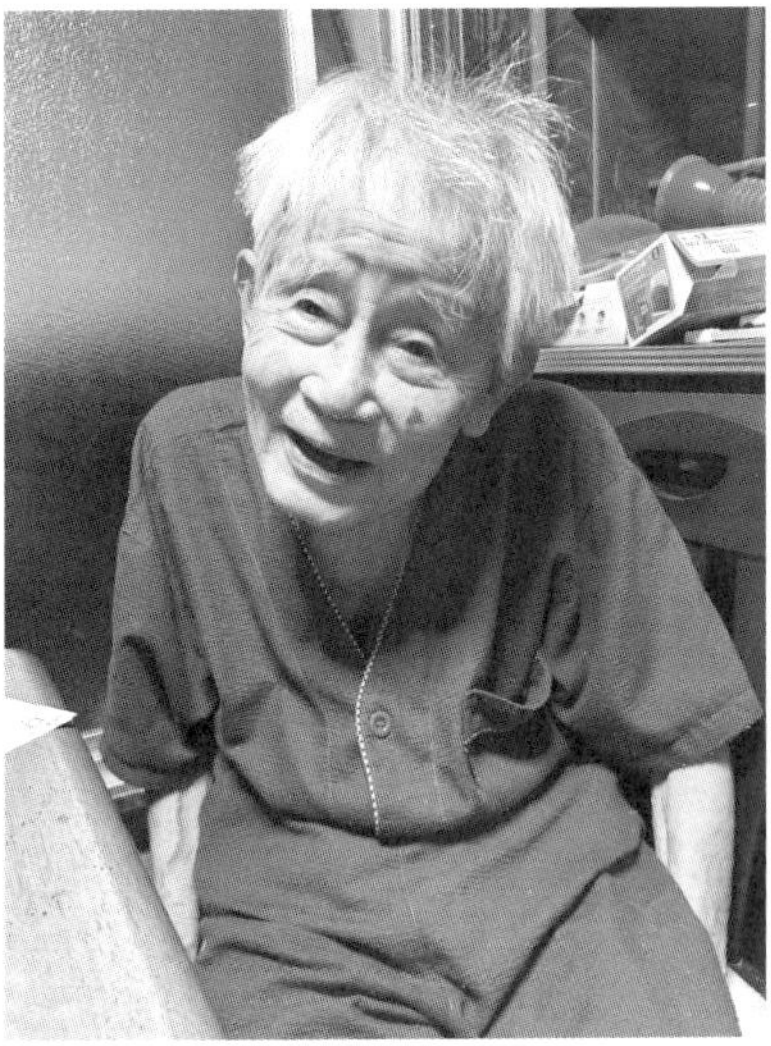

2024年9月撮影

信友良則&直子 父娘対談「98歳で始めたわしの筋トレは今も続いとる」
……「文藝春秋」2022年9月特別号(文藝春秋)
ある日の日記
……「老いという冒険」2022年10月〜12月配信分(共同通信社)
書籍化にあたり、タイトルを含め加筆・修正しています。
その他は書きおろしです。

信友直子（のぶとも・なおこ）

1961年、広島県呉市生まれ。父・良則、母・文子のもとで育つ。東京大学文学部卒。テレビ番組の制作会社勤務を経て独立、フリーディレクターとして主にフジテレビでドキュメンタリー番組を多く手掛ける。2009年、自らの乳がんの闘病記録である『おっぱいと東京タワー～私の乳がん日記』でニューヨークフェスティバル銀賞、ギャラクシー賞奨励賞などを受賞。2018年に初の劇場公開映画として両親の老老介護の記録『ぼけますから、よろしくお願いします。』を発表し、令和元年度文化庁映画賞文化記録映画大賞などを受賞。2022年には続編映画も公開した。現在は全国で講演活動を精力的に行っている。

装丁　大久保明子

あの世《よ》でも仲良《なかよ》う暮《く》らそうや
104歳《さい》になる父《ちち》がくれた人生《じんせい》のヒント

二〇二四年十月三十日　第一刷発行
二〇二四年十二月二十日　第三刷発行

著者　信友直子《のぶともなおこ》
発行者　小田慶郎
発行所　株式会社　文藝春秋
〒一〇二-八〇〇八
東京都千代田区紀尾井町三番二十三号
電話　〇三-三二六五-一二一一

印刷・製本　光邦
DTP　エヴリ・シンク

ISBN978-4-16-391914-0